中国高铁丛书

总顾问 / 傅志寰　总策划 / 郑　健　主　编 / 孙　章

高铁经济

姚诗煌　著

上海科学技术文献出版社
Shanghai Scientific and Technological Literature Press

图书在版编目（CIP）数据

高铁经济 / 姚诗煌著. —上海：上海科学技术文献出版社，2019

（中国高铁丛书）

ISBN 978-7-5439-7809-6

Ⅰ.①高… Ⅱ.①姚… Ⅲ.①高速铁路—铁路运输发展—研究—中国②中国经济—经济发展—研究 Ⅳ.① F532.3 ② F124

中国版本图书馆 CIP 数据核字（2018）第 289679 号

"十三五"国家重点出版物出版规划项目
2018 年主题出版重点出版物
上海市新闻出版专项资金资助项目

选题策划：张　树
书稿统筹：张　树
责任编辑：苏密娅　杨怡君
装帧设计：许　菲
手绘插图：汤思怡

高铁经济
GAOTIE JINGJI
姚诗煌　著
出版发行：上海科学技术文献出版社
地　　址：上海市长乐路 746 号
邮政编码：200040
经　　销：全国新华书店
印　　刷：上海海红印刷有限公司
开　　本：787×1092　1/16
印　　张：13.75
字　　数：178 000
版　　次：2019 年 1 月第 1 版　2019 年 1 月第 1 次印刷
书　　号：ISBN 978-7-5439-7809-6
定　　价：89.00 元
http://www.sstlp.com

"中国高铁丛书"
出版工作团队

总顾问

傅志寰　中国工程院院士，原铁道部部长

顾　问

钟志华　中国工程院院士、副院长，同济大学原校长

奚国华　中国第一汽车集团有限公司党委副书记、董事、总经理
　　　　中国中车集团公司原副董事长、党委副书记
　　　　中国中车股份有限公司原总裁

贾世瑞　中国中车集团公司副总经理

总策划

郑　健　中国铁路总公司总工程师，国家铁路局原党组成员
　　　　2015年国家科技进步奖特等奖（京沪高速铁路工程）获得者

策　划

孙　章　同济大学老科学技术工作者协会会长，原上海铁道大学副校长

孙　星　北京铁道学会秘书长

兰　涛　上海铁道学会秘书长

金泰木　中车青岛四方机车车辆股份有限公司科技发展部副部长

张　树　上海科学技术文献出版社副总编辑（主持工作）

主　编

孙　章　同济大学老科学技术工作者协会会长，原上海铁道大学副校长

副主编

吴新民　原铁道部咨询调研组副巡视员，研究员

编撰团队

《走近中国高铁》

钱桂枫	中国铁路总公司工程管理中心副主任
蔡申夫	原铁道部工程设计鉴定中心主任
张　骏	中国铁路上海局集团有限公司建设处副处长，高级工程师
毛晓君	中国铁路上海局集团有限公司科学技术研究所工程师

《高铁线路工程》

郑　健　中国铁路总公司总工程师，国家铁路局原党组成员
　　　　2015年国家科技进步奖特等奖（京沪高速铁路工程）获得者
王　峰　中国铁路总公司建设管理部主任
钱桂枫　中国铁路总公司工程管理中心副主任
许玉德　同济大学交通运输工程学院教授
毛晓君　中国铁路上海局集团有限公司科学技术研究所工程师

《高铁车站》

郑　健　中国铁路总公司总工程师，国家铁路局原党组成员
　　　　2015年国家科技进步奖特等奖（京沪高速铁路工程）获得者
贾　坚　同济大学建筑设计研究院（集团）有限公司副总裁
魏　崴　同济大学建筑设计研究院（集团）有限公司轨道交通院总建筑师

《高速列车》

梁建英　中车青岛四方机车车辆股份有限公司副总经理、总工程师，教授级高级工程师，2015年国家科技进步奖特等奖（京沪高速铁路工程）获得者
杨中平　北京交通大学教授
张济民　同济大学铁道与城市轨道交通研究院教授

《高铁牵引供电系统》

　　张明锐　同济大学电子与信息工程学院教授
　　张永健　中国铁路上海局集团有限公司供电处处长，高级工程师
　　王靖满　中国铁路设计集团公司项目总工程师，教授级高级工程师
　　吴严严　同济大学电子与信息工程学院硕士研究生

《高铁信号与控制》

　　陈永生　同济大学计算机系教授
　　罗云飞　中国铁路上海局集团有限公司总工程师室高级工程师
　　王先帅　中国铁路上海局集团有限公司电务处工程师
　　郭金信　中国铁路上海局集团有限公司电务处工程师
　　刘世太　中国铁路上海局集团有限公司电务处工程师
　　陈伟革　中国铁路上海局集团有限公司电务处处长，提待高工
　　吕永昌　中国铁路上海局集团有限公司电务处提待高工
　　姚远黎　中国铁路上海局集团有限公司电务段段长，高级工程师
　　胡细东　中国铁路上海局集团有限公司电务处副处长，高级工程师
　　吴伟东　中国铁路上海局集团有限公司电务处副处长，高级工程师
　　艾　武　中国铁路上海局集团有限公司电务处副处长，高级工程师

《高铁运营组织与管理》

　　徐行方　同济大学交通运输工程学院教授
　　蒲　琪　同济大学《城市轨道交通研究》杂志社社长，高级工程师
　　汤莲花　同济大学交通运输工程学院博士研究生

《中国高铁发展战略》

　　刘涟清　原上海铁路局局长，原铁道部（中国铁路总公司）中美铁路项目协调组组长
　　蒲　琪　同济大学《城市轨道交通研究》杂志社社长，高级工程师
　　孙　章　同济大学老科学技术工作者协会会长，原上海铁道大学副校长

《高铁经济》

姚诗煌　上海市科技传播学会原理事长，《文汇报》科技部原主任，高级记者

编辑顾问

叶　娟　中国中铁股份有限公司国际事业部总经理助理
　　　　中国铁道出版社版权中心原主任，国家铁路局原调研员

李中浩　中国城市轨道交通协会专家和学术委员会副主任，原铁道部电子中心主任

张跃玲　国家铁路局信息中心副主任，高级工程师

陈夏新　原京沪高速铁路股份有限公司高级工程师

范　明　中国铁道科学研究院（集团）有限公司通信信号研究所研究员

序一

傅志寰

我国已跨入了高铁时代。风驰电掣的高速列车给人们带来了快捷愉悦的全新感受，正如有诗云："银龙出京一路奔，转瞬之间入津门。齐鲁苏皖须臾过，品茗到沪尚存温。"四通八达的高铁不仅显著改变了人们的出行方式，也对经济社会产生了深远影响。

目前我国高铁里程已超过 25 000 公里，占全球高铁总里程的三分之二，每天开行 5 000 多列高速列车，运送超过 600 万乘客，2017 年我国高铁累计发送旅客已突破 70 亿人次。这些令人炫目的"大数据"意味着无与伦比的业绩。我国高铁不但规模大，速度也快，最高时速达 350 公里，为世界之最。我国动车之平稳是有口皆碑的，网上曾流传一段视频：有乘客将一枚硬币立在高速列车的窗台上，竟 8 分钟未倒。

高铁不但改变着中国，也震撼了世界。我国已经积累了在寒带、热带、大风、沙漠、冻土等不同气候和地质条件下高速铁路建设的丰富经验，是世界上少数能够提供包括土建、高速动车组和列车控制系统等高铁全套技术的国家。

中国人喜爱高铁。但凡有机会，都愿与靓丽的高速列车合影留念，而且带着浓厚兴趣想进一步解开高铁之谜。"高铁为什么跑得那么快？""高铁为什么跑得那么稳？""高铁行驶安全如何保障？"这些问题，不但孩子要问，成年人也十分关心。近两年我在给中学生讲"高铁"科普时，每每都会有学生提出大量类似问题。

为了回答人们的问题，上海科学技术文献出版社组织一批资深专家教授，用一年半时间编写了一套内容丰富的"中国高铁丛书"，全套 9 册，书名分别是：《走近中国高铁》《高铁线路工程》《高铁车站》《高速列车》《高铁牵引供电系统》《高铁信号与控制》《高铁运营组织与管理》《中国高铁发展战略》《高铁经济》。这套丛书不但描绘了高铁的全貌，展示了车站、线路、信号、供电、列车等关键设施和装备，也介绍了高铁运营服务知识以及对经济社会发挥的独特牵引作用。与此同时，还讲述了世界各国高铁发展的故事。

"实事求是、深入浅出"是检验科普图书质量的重要标志。为了做到"实事求是"，作者们查阅了海量资料，反复筛选与求证，对我国高铁技术水平、发展历程作了符合实际的阐述，也纠正了一些网络上的不实传言。为了做到"深入浅出"，作者们力图用通俗生动的语言和精美的图片，揭示高铁技术原理和设计结构。一年多来，作为初次涉猎科普读物写作的他们，花了不少时间再学习，大家深知将科学专业术语转化成大众能听懂的"大白话"是一门艺术。

我受聘担任本丛书的总顾问，深感荣幸和愉悦。究其原因，不只因为我有参与高铁论证与建设的经历，还源于心系铁路、喜爱火车的深厚情结，中国高铁的快速发展也圆了我自己多年的梦想。

在本套图书付梓之际，衷心希望凝聚作者大量心血的"中国高铁丛书"，能给读者带来所渴望的知识与阅读的喜悦。

2019 年 1 月

序 二

郑 健

高铁，作为现代工业文明的崭新成果，发端于日本，发展于欧洲，兴盛于中国。经过五十余年的发展，高铁以其安全、快捷、环保、节能等技术经济优势赢得了各国青睐。我国从20世纪90年代初开始开展高铁的前期研究，经过几代铁路人的探索实践，特别是党的十八大以来的创新发展，取得了举世瞩目的历史性成就，能亲身经历、见证参与、组织推动我国高铁建设，倍感荣幸。铁路建设者昼夜兼程、风雨无阻，逢山开路、遇水架桥，用智慧、心血和汗水励精图治、砥砺前行，实现了中国高铁从无到有、从探索到突破、从制造到创造、从追赶到领跑的崛起！如今，"复兴号"奔驰在祖国广袤的大地上，迈出了从追赶到领跑的关键一步；四通八达的高铁网络给百姓美好生活带来了新福祉，给世界高速铁路发展树立了新标杆，为党和国家赢得了新荣耀！

遥想20世纪初，为了振兴国家实业，孙中山先生在《建国方略之二：实业计划》中提出修建10万英里（16万公里）的铁路计划，指出"国家之贫富可以铁道之多寡而定之，地方之苦乐可以铁道之远近计之"，"铁路常为国家兴盛之先驱，人民幸福之源泉，国家统一之保障"。中华人民共和国成立后，党中央国务院高度重视铁路建设。1978年10月，邓小平同志访问日本，在从东京前往京都的新干线高铁列车上深有感触地说："就感觉到快，有催人跑的意思，我们现在正合适坐这样的车。"（中共中央文献研究室编《邓小平年谱（1975—1997）》（上）第413页）一代伟人的这句双关语暗示着中国的发展要有像新干线那样快的速度。同年12月召开的十一届三中全会拉开了改革开放的序幕。

40年的改革开放让铁路特别是高速铁路发展迎来了难得的黄金发展机遇。从20世纪90年代广深铁路开行准高速列车到世纪之交秦沈客运专线开通运行，从2007年实现第六次大面积提速到2008年京津城际高铁通车，从2010年12月京沪高铁创造时速486.1公里试验速度到2016年7月成功实现世界首次时速420公里交会，从"四纵四横"基本建成到"八纵八横"规划蓝图绘就，几代铁路人锲而不舍、坚韧执着，从未因道路曲折而半途而废，也从未因梦想遥远而放弃追求。从孙中山先生提出《建国方略》到今天，"复兴号"高铁动车组奔驰在祖国广袤大地上的情景，就是华夏儿女不忘初心、砥砺前行的生动写照；中国高铁能够领跑世界，就是中华民族追逐梦想、谋求复兴的时代象征。高铁精神，已成为象征着中华民族伟大创新精神的一座丰碑！

从1990年《京沪高速铁路线路方案构想报告》到2004年国务院批复的《中长期铁路网规划》明确将高铁建设作为铁路发展的核心，从中国高铁发展"三步走"战略谋划到工程建造、装备制造、列车运行控制等不同领域技术创新路径的实施，中国高铁经历了艰难的战略抉择、艰苦的探索实践和艰辛的开拓创新历程。2008年8月1日，中国第一条时速300公里以上的高速铁路——京津城际高铁开通运营。波澜壮阔的高铁建设在长城内外、大河上下展开，呈现出了史诗般的巨幅画卷！

一分耕耘一分收获。经过几代铁路人卧薪尝胆，迎来了与世界第二大经济体相适应的高铁网络体系的蓬勃发展：建成了2.5万公里的高铁网络，搭建了专业一流的研发平台，在高铁线路、桥梁、隧道、客运枢纽等重大工程方面积累了丰富的实践经验，全面掌握了在各种复杂地质、地形及气候环境下修建不同速度等级高速铁路的成套技术，建造了以京沪高铁为代表的一大批世界级的标志性工程，拥有了完整的中国高铁技术标准体系，打造了中国高铁品牌，形成了规划设计、工程建造、装备制造、运维服务等方面的比较优势，总体技术水平已迈入世界先进行列，成为推动世界高铁发展的重要力量！

不断延伸的高铁网络对经济社会发展产生了深刻的影响。如何衡量高铁对经济社会发展的"溢出效应"，如何评价高铁效应在国家发展、国际交往、地缘政治中的作用，需要坚实的高铁经济理论作为支撑。2012年原铁道部设立了高铁经济重大课题，从政治经济、社会文化、生态环境等多维度探究高铁效应的理论基础，从哲学层面发现其内在规律，从理论层面研究其影响机制，旨在通过研究回答社会对高铁建设运营的普遍关切，探究未来高铁发展之路。

如今我们欣喜地看到，高铁网络极大地缩短了时空距离，让旅途不再漫长；极大地改善了出行品质，让百姓出行有了更多的幸福感；拉动了文化旅游井喷，稀缺独特的旅游资源得到充分开发；促进了铁路装备升级改造，高铁动车组等高端装备制造业快速发展，强劲带动了上下游相关产业链的全面升级；改变了经济资源配置格局，城市综合经济竞争力得到了大幅提升，区域产业经济结构得到了优化调整，区域经济一体化进程进一步加快。高铁网络创造出了比别的经济体更多的时间，承载了更为宏观的经济意义，以更高的速度赋能一切生产要素，以更高的质量和效率不断放大着"乘数效应"。作为新经济学革命的高铁经济已成为中国经济增长的新引擎，正构建着中国经济发展的新版图。中国高铁今天历史性的成就就是对中山先生、小平同志最好的告慰！

"雄关漫道真如铁，而今迈步从头越"。党的十九大确立了习近平新时代中国特色社会主义思想，作出了建设交通强国的重大决策部署。在不到半年的时间里，习总书记两次"点赞""复兴号"，这既充分体现了党中央对高铁发展成果的充分肯定，更指明了中国高铁的前进方向。中国高铁将始终坚持以人民为中心，进一步构建更安全、更高效、更智能、更绿色、覆盖率更高的高铁网络，持续创新引领世界铁路发展，让全国各族人民共享铁路发展改革的成果，满足人民在新时代的需求，让人民从高铁发展中有更多的获得感、幸福感、安全感！

高铁发展需要全社会的关心和爱护。这套"中国高铁丛书"对讲好中国高铁故事、传承勇往直前的高铁精神，汇聚高铁发展共识、凝聚高铁发展正能量，弘扬新时代主题、追逐民族复兴梦想必将产生积极的作用。热切希望这套图书能与广大读者尽快见面，更真诚期望能有更多的专家、学者关注中国高铁，走近中国高铁，宣传中国高铁，支持中国高铁，关爱中国高铁，以促进中国高铁的健康可持续发展！

2019 年 1 月

前言

　　高铁是中国的骄傲。四通八达的高铁网，不仅改变了人们的出行方式，给旅行带来了快捷和便利，而且对中国的经济和社会发展带来了一系列深远影响。从这个意义上说，高铁正在改变着中国。自2016年起，在中国铁路旅客发送总量中，乘坐高速动车组的旅客已占52.3%。截至2017年底，我国高铁动车组旅客发送人数累计超过了70亿人次，单日最高发送人数达到760.7万人次。可见高铁已广泛地进入国民的日常生活之中，成为公务出差、出门旅游、回家探亲、异地团聚的最佳选择。中国，已跨入了一个高铁时代。

　　尽管高铁与铁路的原创地都不在中国，但我们这个国家与铁路有着不解之缘。一百多年前，正是中国华工帮助修建了被誉为世界铁路史上的一大奇迹——横贯美国东西的太平洋铁路，中国工人忠诚勤奋、表现卓著，永镌青史。另一条横跨加拿大东西海岸的加拿大太平洋铁路，也有1.2万名华人劳工参与修建，在最艰难的路段竟然"每一英尺的铁轨下就沉睡着一个中国人"。世界铁路史上永远铭记着中国人的卓越贡献。20世纪初，在世界各国领袖中最重视铁路建设的，应是孙中山先生，他提出了"今日之世界，非铁道无以立国""交通为实业之母，铁路又为交通之母""今日修筑铁路实为目前唯一急务，民国之生死存亡系于此举"等一系列主张，并亲自担任中华民国铁道协会会长。半个多世纪后，继承孙中山遗志的另一位伟人，就是邓小平先生。1975年，邓小平复出担任国务院副总理，首先就抓铁路整顿，对铁路工作做出了一系列指示，制定了中共中央《关于加强铁路工作的决定》（中共中央文献研究室编《邓小平年谱》第12页）。1978年10月，邓小平访问日本，乘坐新干线从东京前往京都，有记者问他的感受，他深有感触地说："就感觉到快，有催人跑的意思，我们现在正合适坐这样的车。"（《邓小平年谱》第413页）

　　今天，中国高铁飞速发展的成就，是对这两位伟人的最好告慰。中国高铁能领跑世界，是中华民族伟大复兴的象征。高铁不仅影响了我们的生活、工作，改变了区域经济的格局，还正在促使思维方式和观念发生变化。当今，

高铁经济

人类正在进入一个快速发展、充满变化的时代。速度，已成为影响经济发展、社会兴衰和文明进步的重要因素。因此，一列列高铁在祖国大地上疾驰的情景，正是我们的国家、我们的民族奋勇前行的生动写照；高铁的雄姿，就是13亿人民努力奋起的矫健身姿；高铁的影响，正激荡着经济、社会的各个层面，形成一系列的辐射效应；高铁精神，已成为象征中华民族创新精神的一座丰碑。

我们在赞叹中国高铁的快速发展时，更看到了中国科技和制造业取得的成就，看到了从中国制造到中国创造的光辉历程。曾记得，在以往相当长的年代中，我们有过依靠出口农产品、低级加工品、来料加工换取外汇，以及卖8亿件衬衫换一架飞机之说，那是一个饱含着中国人辛酸和痛楚的时代。如今，我们的高铁能够大行于世，并受到越来越多国家的欢迎，在我们扬眉吐气之时，应该看到这是多少科研人员、工程师和一线工人长期努力的心血结晶。是他们的智慧和创造点化了从"中华之星"到"和谐号""复兴号"之魂，是他们的心血和汗水凝铸起雄伟的桥梁、穿越重岭的隧道和坚实的路基。他们传承了百年前修建北美铁路的华工勤奋、勇敢、忠诚、坚韧的精神，发扬光大于今日中国。他们将满腔血气融入高铁发展的动力；那承载着飞驰列车的铁轨，就是他们钢铁般身躯的脊梁。中国高铁人，将成为一个辉煌的称号，成为中华民族复兴之路上的表率和楷模。

党的十九大指出，中国特色社会主义进入新时代，我国社会主要矛盾已经转化为人民日益增长的美好生活需要和不平衡不充分的发展之间的矛盾。而这个不平衡，包括了长期以来存在着的南北差距、东西差距和城乡差距。消除这些差距，发展交通是重要的措施。铁路是国家的动脉，血脉通畅，则肌体健康。连通东西南北的高铁网，为解决我国发展中的不平衡提供了重要的保障。由此可见，高铁建设在中国经济、社会的发展和实现"两个一百年"的奋斗目标中，具有举足轻重的意义。

> 前　言

　　这是中国"高铁人"的光荣，也使能参与本丛书编写的我们，倍感荣幸。

　　当然，高铁在中国的出现，毕竟只有短短的十年，随着今后的发展及对经济、社会影响的不断扩大，其所蕴含的深层次意义会进一步凸显，其内容将构成皇皇巨著。显然，本书只是粗浅之作，仅蜻蜓点水、浮光掠影而已；但愿能抛砖引玉，在广大读者群中激起关注的波澜，从而能让更多的人了解、关注、支持中国高铁的发展，以迎接这一"高铁时代"的到来。

姚诗煌
上海市科学传播学会原理事长
《文汇报》科技部原主任
高级记者

目 录

序 一
序 二
前 言

第一章　世界高铁发展对经济的影响 1
　一、日本：经济起飞的脊梁 ...3
　二、欧洲：一体化的助推力 ...7
　三、韩国：汉江跃"飞龙" ...13
　四、"速度经济"加速文明进步 ...14

第二章　崛起的中国高铁经济带 21
　一、流域经济和高铁走廊 ...23
　二、由"同城效应"到"同域效应" ...26
　三、梯度转移和增长轴理论 ...32
　四、协同创新的跨域共同体 ...35
　五、高铁塑造新经济带 ...39

第三章　高铁与城市发展 45
　一、"轨道上的新城" ...47
　二、高铁和城镇化建设 ...50
　三、高铁描绘城市新图 ...55
　四、为城市增添个性美 ...61
　五、高铁托起世界级城市群 ...66

第四章　乘着高铁去旅游 69
　一、"快旅慢游"更显旅游魅力 ...71
　二、走出"深闺"的旅游资源 ...75
　三、全域旅游与"最美高铁" ...82
　四、提升旅游业的国际竞争力 ...85
　五、高铁旅游带览胜 ...88

第五章　高铁对中国制造业的启迪 ……97
  一、"青胜于蓝"的启示 …99
  二、巧夺天工的奇迹 …105
  三、"工匠精神"的彰显 …109
  四、"中国制造"的"复兴号" …113
  五、高铁的"乘数效应" …118

第六章　高铁引领绿色经济 ……121
  一、为了大地的绿色 …123
  二、高速旅行的"低熵时代" …127
  三、环境友好型运输方式 …132
  四、出行安全的最佳选择 …137
  五、"绿色铁路"协奏曲 …139

第七章　高铁改变生活方式 ……145
  一、"同城效应"和"一小时生活圈" …147
  二、"候鸟"式生活的普及 …151
  三、高铁改变春运格局 …157
  四、高铁对文化和思维观念的影响 …160
  五、"双网融合"与"智慧出行" …164

第八章　中国进入高铁时代 ……169
  一、建设"轨道上的国家" …171
  二、高铁与胡焕庸线 …174
  三、陆权国家的崛起 …182
  四、让"中国造"重现辉煌 …187
  五、中国外交的"新名片" …192

参考文献 ……197
后　记 ……199

第一章
世界高铁发展对经济的影响

一、日本：经济起飞的脊梁

二、欧洲：一体化的助推力

三、韩国：汉江跃"飞龙"

四、"速度经济"加速文明进步

自日本在 20 世纪 60 年代建造世界上第一条高铁——东海道新干线后,法国、德国、西班牙、意大利、英国、韩国等国家和我国台湾地区都先后建造高铁。高铁对这些国家和地区的经济、社会发展,起到了极大的影响和推动作用。

一、日本：经济起飞的脊梁

亲历过20世纪70年代的人，都会记得那位被称为"中国人民老朋友"的日本首相田中角荣。1972年9月，田中出任首相才两个多月就访问中国，将恢复中日邦交正常化列为重要的对外政策；而对内政策，则集中体现在他的"日本列岛改造"计划上。根据他在《日本列岛改造论》一书中的设想，为解决日趋严重的空气污染、交通堵塞、住宅紧张、城乡人口疏密不均等问题，要将集中于大城市的企业、资金、技术、人力，移向新建城市和经济不发达地区。为此，他提出要修建1万公里铁路，形成遍及全国的高速铁路、公路网，将日本列岛连成一个以东京为中心，快速交通网遍及全国各地城乡的整体，进而彻底改变工业生产和人口的布局。"消灭城市与农村、外日本（太平洋沿岸地区）与里日本（日本海沿岸地区）的差别，从而在整个日本，建设一个使家庭欢聚一堂、老人安度晚年、青年充满美好理想的社会。"（《日本列岛改造论》）

田中角荣首相如此重视高铁建设，将其列为日本的国策之一，显然是与日本60年代中期开始的高铁建设对经济发展所带来的巨大推动有关。众所周知，作为二战的战败国，日本在战后经历了百业凋零、经济衰退的十年困难期，但进入20世纪50年代中期，日本经济已恢复到战前水平，趋于大踏步前进的良性化发展，国民生产总值先后超过印度和加拿大。1964年，日本东京承办第十八届奥运会。为了迎接奥运会，促进经济的进一步增长，日本决定修建高速铁路。而正是在"东京奥林匹克景气"和高铁建设这两股动力的助推下，日本在60年代出现了经济的持续繁荣。从1965年到1970年，经济持续增长57个月，国民生产总值整体增长122.8%，翻了一倍多；工资上涨幅度达到114.8%，国民生活水平上了一个新台阶，精神面貌焕然一新，一跃成为世界一流的经济强国，创造了让世

高铁经济

人震惊的经济奇迹。

日本国土相对狭小，人口和经济活动主要集中在南部沿太平洋海岸，这里聚集了东京、大阪、名古屋、神户、横滨等大城市。1964年修建的日本第一条高铁——东海道新干线，和而后修建的山阳新干线，连通了这些城市，促进了这些城市及周边区域的发展，对日本经济的腾飞，起到了极其巨大的推动作用。因此，新干线被誉为日本"经济起飞的脊梁"。

新干线为产业密集、人口稠密的日本沿南太平洋一带的经济带来了强劲的动力。高铁建设带来显著的经济效益，新干线

新大阪车站——日本东海道新干线的西面终点站，及山阳新干线的东面终点站

每年的营业收入加上车辆制造、房地产开发、商业销售、餐饮等收益是巨大的。新干线建设推动了沿线城市建设,在车站周围形成了新的城区。新干线的开通,还减少了高速公路运行的拥堵现象,成为缓解高速公路拥堵的有效手段。高铁的建设还增加了岗位,需要大量的工人从事铁路建设、车辆生产、线路维护,以及运营、管理和相关产业,创造了大量的就业机会。

作为世界上最早修建高铁的国家,日本在高铁建设上尝到了极大的甜头,因而高铁发展的步伐没有停顿。目前,日本的高铁运营里程为2 734公里,包括东海道新干线以及后来建设的山阳线、九州线、东北线、上越线、山形线、秋田线、北陆新干线等。日本的高铁从1964年开通至2009年间,共运送旅客92亿人次,每年累计开行列车36.2万次。

高铁运营促进了旅游业的发展。如东北新干线开通后,游客增幅明显。这一带有良好的冬雪、湖泊等旅游资源,但由于远离东京等主要客源市场,过去游客不方便到达。新干线开通后,东京、大阪等地旅客可以方便地乘坐高铁抵达,直接带动了这一地区旅游业的发展。

新干线对发展教育和振兴地方文化也起到了积极的作用,干线周边居民参加文化活动的机会大大增多,尤其是中小城市和许多乡村小镇,得到了原先难以获得的文化享受。他们可以自发地到东京组织歌舞伎欣赏会、到大阪举办木偶戏欣赏会、在京都举办茶道会等,促进了城乡和异地间的文化交流。如从静冈至东京、大阪看歌舞伎,过去来回至少需要两天,现在当天就可来回。有了新干线,沿线的一些中等城市还开始修建优美的音乐厅、美术馆,吸引包括大城市和其他城市的居民前去参观。一些前来东京等大城市演出和访问的国内外音乐家、艺术家,还会在满满的日程安排中,抽出时间去这些地方旅行,既体验了新干线的舒适、便捷,又进行了演出和交流。

新潟县大和市的浦佐町是个偏僻的冰雪山村,人口不到2

高铁经济

新干线沿途风景

万,新干线通车后,在此建立了浦佐站。这一风光明媚的地方便建起了一所附有研究生院的国际学校,培养具有跨学科知识的优秀人才,吸引了中国等四十多个国家的留学生。学生们对能够在这么一个环境秀丽、物价低廉而富有地方特色的学校读书非常满意。一所优秀的大学必须要有优秀的教授,而教授们因不能缺少学术交流活动,一般不愿离开大城市。现在有了新干线,教授们就能上午在东京从事学术研究,下午来国际学校讲课,晚上可回东京参加学术交流,新干线的开通,使这座偏僻小镇成为吸引和培养人才的地方。

新干线给日本经济注入了活力,也给日本人带来了荣耀。在20世纪70年代,日本寄往欧洲的圣诞贺卡上,有一半都印有新干线的照片。2014年,日本发明协会评选出战后影响日本社会最重要的100项发明创造,新干线排在第一位。如今，新干线已与绚丽的樱花、巍峨的富士山齐名，成为日本的象征。

二、欧洲：一体化的助推力

欧洲是铁路的发源地，铁路网本来就比较发达，前往欧洲旅行的游客对欧洲各国的铁路网都有深刻的印象。欧洲的铁路技术和车辆制造水平也一直居世界领先地位，德、英、意等国较早开始了对高速铁路的探索，从这一意义上说，欧洲是日本的老师。然而，青出于蓝而胜于蓝，后来者往往居上。日本新干线的成功，让这几位欧洲"老师"既震惊又大受启发。于

"欧洲之星"高速列车

高铁经济 >

是,20世纪80年代和90年代,欧洲也开始出现了建设高铁的热潮。其中,法国和西班牙对高速铁路的建设尤为重视。

欧洲高铁有两个显著特点,一是跨国运行,从而对欧洲的一体化起到了促进作用。譬如横跨英吉利海峡的"欧洲之星"高速列车和连接荷兰阿姆斯特丹、比利时布鲁塞尔、法国巴黎、意大利罗马等地的欧洲国际列车。高铁被认为是实现欧洲共同运输政策的核心内容。欧洲高铁的另一个显著特点,是与传统铁路系统的一体化连接。欧洲传统的铁路系统本来就很发达,因此欧洲建造高速铁路时充分利用了这一传统优势:运行在高速铁路上的列车,也能在传统普速轨道上运行。

欧洲率先建造高铁的国家是法国。1971年,法国政府正式提出批准修建从巴黎至里昂的法国高速铁路(TGV)东南线,1983年全线建成通车;后又建造了大西洋线、北方线、东南延伸线、巴黎地区联络线、地中海线和东部线等高铁线路。至2017年底,法国高铁网络达到2 696公里,基本上将

法国里尔火车站

法国经济与人口密集的主要地区连通了起来。

由于法国位处欧洲的中心区位，目前法国的高铁已经在西北部、北部和东部连接英国、比利时、荷兰和德国北部，在西南方向连接西班牙高铁网络，在东南部连接意大利高铁，使法国成为欧洲国际高铁运营的主要服务商和最重要的高铁枢纽。由于法国TGV高速列车也可以在传统铁路网络上运行，因此可以抵达不在高铁网络上的其他城市。目前，以法国里尔为中心，西北经英吉利海峡连接英国、向南抵达巴黎、向东北串联布鲁塞尔和阿姆斯特丹的欧洲国际高铁网络成为世界上最为典型的国际高铁网络。

法国里尔在20世纪六七十年代，由于煤炭、纺织业的衰落，经济下滑。1993年，TGV建成，巴黎到里尔仅需1小时；1994年，英吉利海峡隧道打通，"欧洲之星"可连接伦敦、巴黎和布鲁塞尔，里尔正好位于这个三角形的几何中心，成为重要的交通枢纽。1991年前，里尔的交通可达性位于欧洲的第十一位，现跃升为欧洲各城市的首位，被称为"西欧的十字路口"。里尔这个原趋于没落的工业卫星城市，也发展成为法国重要的综合工业基地。

由于法国高速铁路既具有高速铁路的优势，又具有与既有铁路的兼容性，高速线路与既有线路可以无障碍连通，使TGV高速列车的通达面大大扩展，总长2 696公里的法国高铁，可通行里程在6 000公里左右。如大西洋线尽管只有282公里，但它的通达长度达到2 380公里，覆盖法国西部、西南部和大西洋地区的广大区域，惠及全国22个大区中的6个大区、2 500万人口，约占当时总人口的45%；到1991年，大西洋线开通仅一年，客运量就达1 661万人次，盈余7.94亿法郎。为此，法国前总统希拉克曾自豪地说："从TGV中可以看到法国令人赞叹的科技、发展和创新能力。"

德国原本就有比较发达的铁路网。二战后，受美国的影响，重视投资公路建设，共建公路150 000公里，投资4 500

德国的乡间铁路

亿马克，而铁路仅投资500多亿马克，新建铁路只一百多公里。在这一失衡的交通政策影响下，过于密集的公路网及汽车对环境造成的破坏日益加重。20世纪70年代末，德国政府注意到战后失衡的交通政策造成的环境污染，认为应汲取日本、法国发展高速铁路的经验，调整交通政策，通过了《铁路重组法》，成立了德国铁路公司。根据本国的国情，将新线建设与老线改造相结合，充分利用原有的铁路基础，发展城际高速列车。德国高铁总里程为1 575公里，可通达境内多数大城市，包括汉堡、慕尼黑、柏林、法兰克福、斯图加特、科隆、杜塞尔多夫等城市。部分列车还通达瑞士的苏黎世和因特拉肯、奥地利的维也纳和荷兰的阿姆斯特丹。在德国乘坐火车也很方便，每隔几分钟就有一班。德国的火车站没有很大的站台，乘客来往却十分方便，不必等候。城际高速铁路开通后，铁路

> 第一章 世界高铁发展对经济的影响

乘客增加了四分之一，尤其是汉堡—法兰克福线，旅客增加40%。

西班牙是欧洲高速铁路网最长的国家，超过了法国和德国。这是因为西班牙的主要城市之间距离在500～600公里，适宜于建造高铁。1980年，西班牙首先开启了从马德里到塞维利亚的第一条高铁。塞维利亚是西班牙西南部古都和工商业、文化中心，是西班牙第四大都市和南部地区的第一大城市，人口约130万；塞维利亚交通发达，西班牙第一条高速铁路马德里—塞维利亚高速铁路使两地通行时间只需2.5小时。今天，它是西班牙南部经济、贸易、旅游和文化重镇。目前，西班牙已形成了以马德里为中心的放射状高速铁路线，以及在西北部、东北部和南部的三条较短线路。预计到2020年，西班牙的高速铁路网将进一步完善，90%的西班牙公民可以在

西班牙塞维利亚高铁车站

其50公里范围内乘坐高速列车。至2017年底,西班牙运营的高速铁路已达2 938公里,形成欧洲最大的高铁网,远期规划将达到5 525公里,使90%的西班牙公民都能居住在距离高铁车站50公里范围内。

英国的常规铁路网本来就很发达,所以发展高速铁路并没有成为其目标。直到1994年英吉利海峡隧道开通后,才建设第一条高铁线。"欧洲之星"号高速列车通过51公里的英吉利海峡隧道,只需半小时,使伦敦至巴黎的时间缩短至2小时15分钟。

意大利也是欧洲最早建设高速铁路的国家之一,早在1986年就制定了高速铁路网计划,从米兰—佛罗伦萨—罗马—那不勒斯建设一条南北向高速线路,再从都灵—米兰—

釜山高铁城市观光和海上观光项目

威尼斯建一条东西向高速线路，形成 T 字形的高速网络框架，并与周边的法国、奥地利、斯洛文尼亚连接，形成国内外相通的高速铁路交通网络。

三、韩国：汉江跃"飞龙"

20 世纪 90 年代初，韩国开始修建高速铁路，成为继日本、法国、德国、意大利、西班牙之后第六个拥有高速铁路的国家。韩国修建高铁的动因主要有两个：一是国内严重的交通拥堵问题，二是迫于公路交通发展对铁路造成的压力。20 世纪 80 年代，韩国的汽车拥有量以 17% 的年增长率增长，道路交通拥堵问题日益凸显，连接首尔和釜山两大经济圈的路段尤其严重，因为韩国 73% 的人口都集中在该区域；首尔至釜山段铁路每天输送 66% 的韩国铁路乘客，铁路的客运运能受到极大挑战。同时，道路拥堵使得该路段的运输成本不断增加，工业竞争力逐渐削弱。当时韩国的物流成本占 GDP 的比重为 13.3%，高于其他发达国家。

由于韩国城市间的距离适合乘坐高铁，韩国高速列车（KTX）开通后仅一年，首尔至釜山段高铁就取代了民航成为市场主导者，市场份额由 2003 年的 38% 上升到 2005 年的 61%。以首尔为中心的人字形高铁网把由高速公路形成的"一日生活圈"变成了高铁城市的"半日生活圈"，并扩展了首尔都市圈，使国民的"时间生活圈"逐渐扩大，大大提高了办事效率。过去出差需要一夜两天以上的公司职员现在可以当天完成任务。高铁开通给国民的经济活动、文化、观光、休闲带来很大的变化，很大程度上缩小了地区之间的经济社会发展不平衡。

高铁的建成大大刺激了韩国旅游业的发展，乘坐高速铁路旅游已经成为韩国居民周末休闲度假的主导旅行方式之一。以大邱市为例，KTX 开通之后，原来一直客流不旺的大邱站，

每天客流量猛增至 1.2 万多人，2010 年乘坐高铁到大邱的外国游客同比猛增 34.2%，旅店客房率和百货店销售额随之直线上升。高速铁路让旅游更加成为韩国百姓生活的一部分。截至 2008 年底，韩国全国与高铁连带的观光项目一下子涌出了 80 多个，其中国际观光项目占 7 个。釜山市推出的高铁加上城市观光和海上观光的综合项目，2009 年吸引游客约为 210 万人次。

四、"速度经济"加速文明进步

上述各地的高铁运营对经济的巨大带动作用，使人们更深刻地认识到出行速度与经济发展、文明进步的密切关联性。行，是生物的重要特性。雁飞千里、鹰击长空、鱼类洄游、动物迁徙，从陆地到海洋，精彩无比的大千世界中，充满着各种生物行进的生动画面。人类的诞生，更与行有关。根据人类学家的考察研究，人类的祖先起源于非洲，随着气候变化、大陆漂移，最早的人类经历了漫长的跋涉，才在亚洲、欧洲、美洲等世界各地分枝散叶，繁衍出各色人种。可见，人类的起源和发展，离不开一个"行"字。而出行方式的变化，更直接影响到人们的生活方式和思维观念。早期的农耕时代，人类只能靠双足步行，于是，"鸡犬之声相闻，老死不相往来"，凝滞了人际的交往、社会的交流。从步行到以马代步，是出行方式的第一次改变；舟船的发明、车辆的出现，出行方式的不断变革，不仅使人们能够领略到"两岸猿声啼不住，轻舟已过万重山"的快感，更促进了社会的进步。工业革命和蒸汽机的诞生，使人类的能力获得了巨大的飞跃，而火车的出现、飞机的发明，让人们出行受到的时空障碍变得越来越小，活动半径突破了百里、千里、万里的界限，真正实现了"朝辞白帝彩云间，千里江陵一日还"的境界。

20 世纪初，中国革命的先驱者孙中山先生就非常重视铁

> 第一章 世界高铁发展对经济的影响

路建设,提出"交通为实业之母,铁道又为交通之母"。1912年孙中山就任临时大总统后立即颁布政令,指出"富强之策,全借铁路交通,亟宜从速兴筑"。不久,孙中山辞去临时大总统后,又表示要"专心致志于铁路之建筑",认为"凡立国铁道愈多,其国必强而富"。他在《建国方略》中构想了修建约16万公里铁路的宏伟蓝图。孙中山亲手绘制的中国铁路规划全图,现在就陈列在上海的孙中山故居。

由此可见,交通工具的变革、出行方式的改变,直接导致国家的强盛和文明的进步。而这里的关键要素,就是"速度"。速度改变了人类的生活、工作,改变了社会生产力的发展。速度可赢得时间,可成倍地提高时间的效率。而时间是宝贵的资源,时间就是财富、就是生命。因此,速度同样是重

高速列车"和谐号"

15

高铁经济

上海虹桥火车站候车厅

要的资源,是生产力的构成要素。法国哲学家维希留曾经说:"20世纪欧洲的哲学史,基本上可以视为回应速度变迁冲击的历史,更简单地说,就是一部交通史。"可见,世界格局的变化、经济的兴衰、文明的进步,都与交通的发展、速度的不断提高密切相关。

速度还与空间成正比。高速能带来空间的扩大、视野的开阔。海阔凭鱼跃,天高任鸟飞。人类活动范围的大小,直接决定着人类思考的广度和高度。而海阔、天高的宽广空间,要掌握了高速技能才能恣意驰骋。高铁,就是这样的一种高速技术。速度拉近了遥远的距离,使其成为"可伸缩的距离"。高速铁路对沿线城市的最大影响,就是缩短了城市之间的时空距离，激发了各城市间潜在的经济联系，提高了相互间的交流频率。日本在铁路尚未开通的19世纪80年代，从东京到大阪需要2周时间，旅费相当于当时人均年收入的一半。铁路开通后，19世纪90年代，从东京到大阪减少到18小时，旅费相当于当时人均月收入。而新干线建成后，从东京到大阪只需2小时，旅费相当于人均日收入，"时间距离"和"经济距离"都大大地缩短：东京到大阪的"时间距离"缩短到传统铁路的九分之一，而"经济距离"缩小到只有二十五分之一。有学者因此认为，在21世纪，时间已取代空间，是衡量经济发展以及不同地域间经济联系的一个首要指标。速度成为现代社会交通运输之魂。

确实，高铁改变了中国的交通运输版图，改变了城市之间的时空距离。长三角高铁建设成网后，上海、江苏、浙江、安徽三省一市已经形成以上海为中心的"0.5至3小时"高铁都市圈。沪宁、沪杭、宁杭、杭甬、杭长、合福等14条高铁构筑的快速客运网络，让过去的交通版图成了历史。上海列车开行一日可达的城市，已覆盖了东北、华北、华中、华东和华南等全国大部分省区。

随着全球化的进程，我们正在进入快速发展、充满变化的时代。英特尔公司前总裁安德鲁·葛洛夫曾说过："我们已进入以10倍速变化的时代"，我们必须适应这一快速的变化。高速，已成为这个时代的特征。经济的发展必须要考虑速度这一要素。由此，美国经济学家小艾尔弗吉德·钱德勒在其著作《看得见的手——美国企业的管理革命》中提出了"速度经济"这一概念。他认为"现代化的大量生产与现代化的大量分配以及现代化的运输和通信一样，其经济性主要来自速度"。美国波士顿咨询公司副总裁伊斯凡认为，总有一天速度必将超过成本或品质，成为"涵盖全体的首要经营目标"。

为此，我们不禁想到了20世纪70年代末的一幕：1978年10月，邓小平以国务院副总理的身份访问日本，从东京前往

高铁经济

京都时,他乘坐以每小时210公里的速度运行的新干线"光—81"号。当列车风驰电掣般行驶时,邓小平思绪万千。有记者问他的感受,他深有感触地说:"就感觉到快,有催人跑的意思,我们现在正合适坐这样的车。"

"就感觉到快,有催人跑的意思",这不仅是邓公的感受而已,也是他对时代发展、国家和民族前景的思考。在这飞速奔跑的新干线上,邓小平一定会想到如何才能尽快改变国家经济落后的状况、如何才能加速发展中国经济建设的雄图大策;甚至,还可能想到了中国什么时候也能建设这样的高速铁路,以改变经济发展与铁路运能严重不相适应的现状。改革开放后,邓小平多次提出速度问题,认为"发展太慢也不是社会主义""低速度就等于停步,甚至等于后退",充分体现了他这一治国理政的战略思想。而今天中国高速铁路的建设和飞速发展,就是对这位中国改革开放总设计师的最好告慰。高铁,成为当今高速时代的象征。当我们坐上高铁,在日行千里、乘奔御风的过程中,会切身感受到高速给人带来的激励、鞭策以及激情。当这种体验移情于日常的工作和生活,将成为一股可贵的力量。从这个意义上说,坐一次高铁,无异于上了一堂"速度经济"的体验课、获得一次人生的激励教育,让我们能亲身感受和领略到国家的发展、时代的巨变,而更加致力于投入这一发展的洪流之中。

【知识链接】速度经济

"速度经济"一词最早由美国经济学家小艾尔弗吉德·钱德勒在其著作《看得见的手——美国企业的管理革命》中提出。他认为"现代化的大量生产与现代化的大量分配以及现代化的运输和通信一样,其经济性主要来自速度"。在现代社会,时间就是财富,速度就是生命。由于社会变化加大,生活节奏加快,时间愈来愈显示出其独特作用,变得越来越珍贵。如果一个企业重视时间效应,能以最快速度、最少时间且最大限度地满足顾客需求,那么顾客就会愿意付出高价,这个企业就能抢占商机而获得时间效益。因此,时间(Time)和适时(Just in Time)具有决定意义。美国波士顿咨询公司(BCG)副总裁伊斯凡认为,总有一天速度必将超过成本或品质,成为"涵盖全体的首要经营目标"。

第二章

崛起的中国高铁经济带

一、流域经济和高铁走廊

二、由"同城效应"到"同域效应"

三、梯度转移和增长轴理论

四、协同创新的跨域共同体

五、高铁塑造新经济带

高铁的建设，改变了中国经济的格局，形成了"四纵四横"和"八纵八横"的"高铁走廊带"。"高铁走廊带"弥补了"流域走廊带"的不足，正在改变我国经济地理的格局，形成一系列新的高铁经济带。

一、流域经济和高铁走廊

以自然的河流水系为基础形成的流域经济,是人类文明发展过程中最早的经济系统。人类文明多起源于大江大河之畔,世界四大古代文明,印度文明、埃及文明、巴比伦文明和中华文明,就发源于著名的河流两岸。正是印度河流域、尼罗河流域、底格里斯河和幼发拉底河流域、黄河流域和长江流域,孕育了历史上灿烂辉煌的伟大文明。

从古至今,世界各国都把大江大河流经的区域视为引领本国经济发展的主脉,形成以沿岸沿线城市经济为支撑和引领,以沿岸水陆交通物流体系为基础和纽带,推动沿岸沿线经济综合发展的流域经济。尤其像我国这样疆域辽阔的大国,更离不开由大江大河形成的多个流域经济带。如黄河流域经济带、长江流域经济带、珠江流域经济带等,构成了跨区域的经济发展巨系统。

流域经济在以河流为通道和纽带的基础上,对加强区域间的合作和交流,合理地开发、利用和配置资源,协调产业的布局,起到了积极的作用。如长江流域经济带横跨我国东中西三大区域,面积约205万平方公里,人口和生产总值均超过全国的40%,成为我国综合实力最强、战略支撑作用最大的流域经济带。2016年9月,我国颁布了《长江经济带发展规划纲要》,全方位地描绘了长江经济带发展的宏伟蓝图,将长江经济带发展列为重大的国家战略。

然而,对于国家更大范围的均衡性发展而言,依托于自然河流的流域经济,也显示了其局限性。首先,流域离不开江河,而在我国广袤的国土上,流域所占的面积毕竟有限。在宽广的内陆地区,在水路交通不及之处,就难以享受到江河流域带来的种种便利之惠。这也正是我国区域经济发展不平衡的重要原因之一。

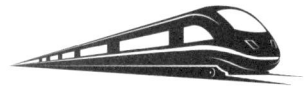

高铁经济 >

京杭大运河

依托于流域的产业往往由下游向上游渗透,产业布局呈梯级层次分布,地区差异性明显。尽管随着信息的沟通、运输的便捷,这种差异日臻缩小,但变化速度有限。这也是我国东西部差异缩小不尽理想的因素之一。

由于地势的原因,我国的主要河流多是东西走向,连通南北的大河不多,所以当年隋炀帝要开挖京杭大运河,以能"江南北国脉相牵,隋代千年水漾涟"。由大运河形成的运河经济带,联系了江南北国,便利了物流运输,促进了沿河地区的繁荣。据史料,明清时期大运河沿岸地区产生的经济总量占到整个国家经济总量的70%。然而,从全国来看,一江春水向东流,辽阔广博的国土上,缺乏像大运河这样纵向布局的流域经济带。

高铁的建设,改变了中国经济带的这一格局,形成了"四纵四横"和"八纵八横"的"高铁走廊带"。"高铁走廊带"弥补了"流域走廊带"的不足。"走廊"是一种地域空间系统,是由高度发达的多模式的交通网络连接而形成的廊道状地域经济空间系统。走廊地带的特征,除自然地理特征、社会经济特征外,均具有相应的交通基础设施。所以,"走廊"具有重要的连接功能,一个经济系统内发生的空间相互作用,均能通过"走廊"完成。因此,"走廊"在社会经济发展过程中,担当相当重要的角色。从某种意义上说,"走廊"是区域发展之轴。

现在,我们从国内外经济发展的规划和布局中,经常能听到"走廊"一词,包括经济走廊、高科技走廊、文化创意走廊,等等。可见,狭义上讲,"走廊"是产业的集聚带,在一定的区域范围内,可以充分发挥产业间的集聚效应、协同效应,适应现代经济的快节奏、高效率。而"高铁走廊"则依托高速铁路的综合优势,促使资本、技术、人力等生产要素,以及消费群体、消费资料等消费要素,在高速铁路沿线实现优化配置和集聚发展,形成了以高铁为轴线的综合性经济带。

高铁的建设促进城市之间的经济联系和优势互补,促进了

区域内资本、技术、人力资源的快速流动，从而使城市群间人流、物流效率与质量大幅度提高，拉动沿线经济和城市群的区域联系，带动相互间的经济发展，形成城市间的紧密连接。依托高铁形成的"走廊经济"，是各区域尤其是欠发达区域发展经济的重要战略模式。如贵广、沪昆高铁开通后，拉近了贵州、云南等西部地区与北京、上海、南京、广州等经济发达地区的距离。其彼此之间，虽不能同饮一江水，却能"廊桥"相通手牵手。这对西南经济的带动效应非常明显。沪昆高铁贵州以东区段开通一年，贵阳北站旅客发送量就从日均发送旅客不到 5 000 人次迅速增长到日均发送旅客 2.2 万人次。

在我国高速铁路快速扩展的新时期，以高速铁路建设加快通道经济的培育，连接发达地区与欠发达地区，有利于消除区域壁垒，将欠发达地区的资源优势转变为现实经济效益，统筹区域协调发展，进而实现区域大开放格局。"八纵八横"高速铁路网建成后，更将横贯东西、纵贯南北，连通全国主要经济中心，实现相邻大中城市间 1～4 小时通达，是统筹我国区域经济协调发展的重大举措。据统计，通高铁的城市与不通高铁的城市相比，综合经济竞争力高出 71.15%，可持续竞争力高出 56.91%。"高铁走廊"的形成，正在改变我国经济地理的格局，促使消除区域发展不平衡、不充分的状况。

二、由"同城效应"到"同域效应"

随着中国高铁的发展，区域经济将出现新的变化，从静态迈向动态："珠三角"北移、"京津冀"扩容、"长三角"延伸。由"圈"成"链"，如东北经济圈、环渤海经济圈、华东经济圈，将串联成我国东部一条闪光的长串珠链。届时，关内关外一线通，大江南北圈联圈，高铁正引领中国区域经济迈上新的台阶。

据 2016 年《中长期铁路网规划》，到 2020 年，全国铁路营业里程将达到 15 万公里，其中高速铁路 3 万公里，覆盖全国 80% 的百万人口以上大城市。来势汹涌的高铁建设向全国四处延伸，一张规模庞大的中国高铁网正在密织之中，将中国东部、中部、中西部地区大多数城市圈入其中；打通了南北东西的大通道，连接了"环渤海""长三角""珠三角"等城市群。这必将引发各个区域经济的重新组合，提高沿线城市的辐射能力，带动周边城市的经济发展，成为我国区域经济发展的新引擎。

区域是一个连续的地理空间，具有一定程度的区位共性。区域经济能通过市场经济这双"看不见的手"，统筹区域内的发展，包括合理地配置各种资源要素、调节产业布局、加强交通联系、方便人口交流，使区域的经济发展达到整体最优效果。世界各国对区域经济的发展都很重视，认为区域发展是提升一国实力的重要战略举措。如美国西海岸的旧金山湾区，以旧金山市为中心，包括周边 9 个县、101 个城镇，约 1.8 万平方公里的土地，总人口数在 700 万以上，是美国西部最大的金融中心和重要的高新技术研发、制造基地。区内的硅谷更是全球最领先的科技创新基地。日本的东京、阪神、名古屋经济圈，集中了全国 65% 的人口、70% 的产值。我国在计划经济时期，经济发展受制于行政区划的壁垒，没有形成依据自然、经济规律形成的区域经济。改革开放后，行政壁垒被逐步打破，区域经济开始发展，出现了"长三角""珠三角""环渤海"等经济区。然而，由于受到空间距离和行政区划的制约，区域经济的发展仍然显得缓慢和不够成熟、区域间的联系更显薄弱；而高铁的开通，正在改变这一切。

与行政区域的界线不同，经济区域的界线是动态的、可变的，具有一定的相对性和模糊性，能随经济活动联系方式的进步而交互、融合、延伸。尤其是交通方式的改善和发展，使区域经济活动穿越了空间和时间的束缚。由这种束缚和障碍而构成的区域边界，随之被冲破、逾越，而形成新的区域界面。今

高铁经济 >

京沪高速铁路桥

　　天，在互联网的冲击和交通技术的带动下，一种"无边界系统"，正从微观层次的企业经济，延伸到中、宏观层次的区域经济，这更为区域间的连通、协调和融合，提供了条件。

　　随着珠三角北移、京津冀扩容、长三角扩张，中国的区域经济发展正进入"高铁时代"。京沪高铁的开通，北接"环渤海"，南连"长三角"，使京、津、豫、宁、沪之间的距离大为缩短，跨区域的联系、交流、通达大大加强，促进了彼此间的融合。京沪高铁所经区域面积只占国土面积的6.5%，而人口占全国的26.7%，GDP占全国的30%，是中国经济最为活跃和最具潜力的地区。京沪高铁从2011年6月30日开通运营，2014年就实现了盈利；至2016年6月30日，五年间客流量翻了两番。这些数据充分说明了这条高铁在促进京津冀、环渤海、胶州半岛、长三角间区域的联系、沟通、交互和协调中，发挥了明显的牵引作用，成为跨越东部沿海南北经济区的黄金通道，将东部从环渤海经济圈至长三角经济圈连成了一片。在京沪高铁带来的人流、物流、资金流、信息流的冲击下,沿线经济圈的融合步伐进一步加快,可望成为以这条黄金通道为纽带的东部大经济区域。

京广高铁开通后,沿线信阳以南有十余个城市出现了城市间的无缝对接。武汉、长沙、广州在对接与融合发展中,形成武广经济圈。这种以经济联系为导向形成的城市经济圈,较以行政规划形成的城市行政圈而言,空间范围更大、交通流通性更强、城市体系更完善,能够实现跨省区覆盖,对区域间的协调发展起到了重要作用。

对于中部地区来说,随着京广高铁、沪昆高铁两条大动脉贯通,中部六省"不东不西"的尴尬区位迎来了突破。以中部为圆心,中部地区架起了"米"字形高铁网,承接东西、顺联南北,贯通了长株潭城市群、武汉城市群、环鄱阳湖城市群、中原城市群,组成了中部经济圈,重构了中部的经济版图。

京广高铁

高铁经济 >

贵阳东站

前不久正式开通的西成高铁,也使西南与西北、华中、华东、华北地区间形成了一条新的快速通道,西部大开发开始进入"城市集群发展"的新阶段。

由此可见,高铁不仅带来了"同城效应",还将产生"同域效应",使相互毗邻的经济区跨越地理因素形成的原区域界限,依托于高速铁路,形成串联型或并联型的跨区域经济。这是我国区域经济发展的新阶段,是冲破计划经济的桎梏、行政区划的壁垒后,经济发展潜力的再次释放,使市场经济这双"看不见的手",继越过行政界线,在区域内的握手后,实现了跨区域的"第二次握手"。

这种跨区域的"同域效应",不仅能促使发达地区优势叠加、强强联手;还能连接发达地区与欠发达地区,互补互惠,弥合贫富间的鸿沟和差异，将欠发达地区的资源优势转变为现实经济效益，统筹区域协调发展，进而实现区域大开放格局。如贵广高铁的两头，就连接着一个富省和一个穷省——广东省经济总量连年在全国领跑，人均GDP是另一头贵州省的两倍多。对贵州而言，广东不但是中国最大的旅游人群始发地，也是一个产品输出的巨大市场。高铁的开通，不仅带动了贵州旅游业的井喷式发展，还让贵州沿途市县看到了更多经济发展的前景。在过去的荒僻之地，如今随高铁而来的是滚滚人流和繁盛的商业。

2014年12月26日，贵广高铁开通运营。这是贵州境内

贵广高铁大桥

高铁经济

的第一条高速铁路,从2008年10月开始兴建,历时六年多最终贯通。由于地形所限,铁路在贵州境内的桥隧比(桥梁与隧道的里程占比)高达92.1%,相当于一条超长的地铁蜿蜒在山间。2014年,贵州人均GDP为2.64万元,排名第30位,在全国范围内仅高于甘肃。与此同时,千里之外的广东省,经济总量连年在全国领跑,人均GDP是贵州的二倍多。近年来,贵州经济快速发展,增长率高居全国第一。连通两地的这条高速铁路,就像用双轨管道连通了水库与旱地,使得千里若比邻,两地相沫濡。

高铁促使了区域间的无缝连接,区域经济的协调发展依托高铁释放了新的活力。西成高铁开通后,使我国西部经济最活跃的西安、成都和重庆得到了快速连接,形成了"资源共享、信息互通、客源互送、交通互联、营销互动"的"西三角",促进了中国西部这两个最重要经济区域的交流和融合,为西部大开发形成新的格局。高铁,就像根根银针,在广袤的大地上穿针引线,缀连起新的区域经济版图;高铁,宛如一双巨手,正在描绘中国区域经济发展新的蓝图。

三、梯度转移和增长轴理论

与我国的地形"西高东低"相反,我国的经济发展水平却是"东高西低"。如果我们坐车由东部沿海一直向西,经过广阔的平原、众多的丘陵,进入连绵的群山峻岭,就好像是沿着一部长长的电梯,一路向西攀登。然而,经济发展的水平,却又像是一条东西向的下行索道,滑向幽深的山谷。

20世纪80年代,有学者提出了区域发展的"梯度理论",即实现东部地区优先发展战略,待东部发展到一定阶段、实力雄厚后,再逐步将资金、技术扩散到中西部地区,最终实现共同富裕。由于梯度转移模式符合当时的国情,赢得了决策层的支持。作为一种非均衡发展战略，梯度转移理论的实施对于我国经济的迅速增长，特别是沿海地区的腾飞起到了一定的推动作用。

然而，经济学界对此也有不同看法，认为按照梯度理论把我国划分成东部发达地区、中部欠发达地区和西部落后地区，是比较粗略的划分方法。从发展的角度来看，欠发达地区引进先进技术，不一定是高梯度地区的"外溢"，低梯度地区只要具备条件，可以直接引进、采用世界最新技术，发展自己的高新技术产业。"梯度"的斜率可以缩小和平缓，甚至实现跨越式发展。

为此，国家实施了西部开发计划，加大了对西部地区的投资，西部经济增长速度逐步加快；但是，"梯度"依然存在，东西部增长的不均衡仍然是严峻的现实。譬如，近些年来，第一产业在东部地区占比已降到5%，这已经是发达国家水平，而中西部地区的在10%以上，与东部有20年左右的差距。再看城市化率，东部地区超过60%，中部和西部地区只有不到50%，相当于15～20年的差距。导致东西部差距难以缩小的

兰新高铁

高铁经济

原因,虽然涉及自然、环境、教育、人才等多方面的因素,但其中一个现实的因素,还是与交通有关。那层层峻岭,似重重屏障,阻碍了东西间的交往;面对着千山万水,人们不得不像古人般叹息:路漫漫其修远矣,吾将上下而求索。

德国地理学家沃纳·松巴特在20世纪70年代曾提出过"点—轴"开发理论。他认为:交通轴线的建设与开发,将方便经济增长点和增长轴线向经济腹地传递。随着连接各中心地的重要交通干线建立,形成新的有利区位,方便人口流动,降低了运输费用,从而降低了生产成本。他还认为:新的交通干线对产业和劳动力具有新的吸引力,形成有利的投资环境,使产业和人口向交通线集聚并形成新的居民点。这种对地区开发具有促进作用的交通线被称为"增长轴"或发展轴。

而横贯中国东西部的高速铁路,就是这样的"增长轴",是实现东西部联动、跨区域开发的纽带和运行通道。高铁的横空出世,在缩小东西部"时空距离"的同时,也缩短了东西部的"经济距离"。这使得跨越"梯度式增长"的愿景,有了现实的可能性。高铁将成为西部经济发展的有力支撑,为西部地区经济和社会发展带来巨大的影响作用。

高铁有利于开发西部的优势资源。云南、贵州、甘肃、青海、新疆等地,都拥有丰富的自然资源。兰新高铁、沪昆高铁、贵广高铁等线路的开通,为西部地区经济发展注入活力。西部地区又是众多少数民族同胞居住的地区,高铁发展为民族团结、边疆稳定和祖国安宁奠定基础。如兰新高铁的建成,在甘肃、青海、新疆三省区间形成一条新的大能力铁路客运快速通道,堪称横贯东西的现代"钢铁丝绸之路",不仅提升了亚欧大陆桥铁路通道的运输能力,增进西部地区与华北、华东和西南地区的经济文化交流,加快铁路沿线地方的工业化、新型城镇化进程;而且对构建我国向西开放的新平台,推动西部旅游和丝绸之路经济带建设,促进大西北实现跨越式发展,产生深远影响。

西部经济落后的一个重要原因,是教育事业发展缓慢,师资力量薄弱,教育基础设备不完善,从而造成西部地区人才紧缺,制约着西部地区经济的发展。高铁的开通,为人才的交流、来往提供了有利条件。据报道,成渝高铁通车仅仅1个月,毗邻重庆的"川东大门"隆昌已经感受到高铁带来的人才机遇。2014年,隆昌引进硕士以上学历人才只有个位数,高铁开通后,增加了三倍多。该市反映说:"有了便捷的交通,人才才会集聚,创新才有支撑。"如中国铁建重工集团在隆昌投资10亿元建设西南基地,集团总部专家从长沙坐飞机到重庆,再坐半小时高铁就能到隆昌,比以前节约一个半小时,来往频率比以往高了不少。

靠近成都的资阳对高铁开通带来的人才机遇也很看重。"高铁能够有效促进人才流动,现在从资阳到成都只要21分钟,我们希望更多成都人才来资阳安家工作。"该市领导表示,为了抢抓机遇,资阳已经出台了不少人才引进优惠政策,涉及生活补贴、住房补贴、配偶工作、子女入学、档案转递、职称评定、考察疗养等各方面。

正如有学者所指出的:"经济增长表面的决定因素是资本、劳动、技术和地理优势,但最终起作用的是文化和习惯的遗传,是使劳动者具备适应市场竞争和全球环境变化的能力和韧性。"亚当·斯密在《国富论》中说过:"一个哲学家和一个街头搬运夫的差别,似乎不是由于天赋,而是由于习惯、风俗和教育产生的。"改变落后的习惯、发展教育,是减少贫困和提高中等收入者比重、扭转东西部"梯度倾斜"的根本途径。而贯通中国东西部的高铁,正在为改变这一格局作出历史的贡献。

四、协同创新的跨域共同体

我国已提出2020年进入世界创新型国家行列的宏伟目

高铁经济 >

中关村

标。为达到这一目标，我国提出提倡走协同创新之路。协同创新是指围绕创新目标，多主体、多元素共同协作，相互补充、配合的创新行为。协同创新是知识、技术和资本、才能的集成，体现了"海纳百川"的精神，是创新发展的必由之路。

协同创新体现在高校、科研院所与企业的深入融合，共建产学研结合的平台，形成动态的"三螺旋结构"；而随着互联网、高铁的出现，信息和交通的便捷，这"三螺旋结构"正顺沿着高铁线路，延伸、扩展、整合，组成了新的生命体——一种跨地域的协同创新模式。

环绕着科技创新资源极为丰富的北京，一个密集的高铁网已服务于跨地域的协同创新平台。京沪、京广高铁和京津城际铁路，京唐、京秦城际高铁，津保高铁，正在协力推进京津冀一体化的进程,并将京津冀城市群快速融入全国高铁网络。众所周知,北京是全国的科研中心,拥有全国二分之一的两院院士、三分之一的国家重点实验室、四分之一的全国重点院校,又有大批央企、知名民企和外企研发总部。尤其中关村聚集了大量高端创新资源,被称为中国的"硅谷",有140多家科研院所,17家国家级大学科技园,29家留学人员创业园,国家重点实验室、国家工程(技术)研究中心、国家级企业技术中心占全国的四分之一,共有高新技术企业一万五千余家。2013年、2014年,中关村企业科技活动经费支出连续两年以百亿元的速度增长,专利申请量和授权量分别占北京市总量的30.6%和33.5%。天津技术研发和成果转化能力强,而河北技术承接潜力显著,三地科技创新能力的各自优势,为推动京津冀地区建立科技创新协同发展机制奠定了良好基础。

实际上,京津冀地区高校、科研机构和相关企业等一直在不断探索互联、互通、互补的协同创新途径。高铁网的建立,促进了彼此的互联互通,出现了可喜的"高铁效应"。以北京为科技创新中心、天津为先进制造中心、河北为科技成果产业化基地,京津冀地区正在形成优势互补的区域创新发展格局。而在这一过程中,高铁起到了明显的纽带和黏合剂作用。京津高铁开通后,从北京到天津只需半小时,平均每天开行60对列车,平均上座率达80%,周五至周日的上座率达100%。目前,中关村企业累计在津冀设立分公司2 709家,设立支公司3 032家,创新资源辐射外溢不断提速,创新的火种在幽燕大地呈现燎原之势。新开通的津保高速铁路,沟通了天津与河北七个地级市、近亿人口的紧密联系,每天有3万多名乘客在天津西站北上南下,这就为天津与河北间加强协同创新提供了便利。

当前,创新成为经济发展与国际竞争的决定性因素。在后金融危机时代,发达国家强调要突破行业、区域、国别界限,构建能最大限度地整合全国乃至全球资源的"创新共同体",

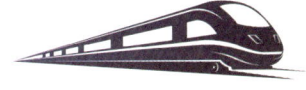

嘉兴南湖革命纪念馆

以保持其科技创新的世界领先地位。如美国为了应对国际金融危机，提出要着力打造一个能够将全国各个创新主体系统连接起来的"美国创新共同体"，以促使该体系全面承担起提升美国研发竞争力的主要任务。欧盟为解决欧洲创新竞争力日益衰竭的问题，组建了"欧洲创新工学院"，首批启动了三个知识与创新共同体，包括气候变化与创新共同体、可持续能源知识与创新共同体、未来信息技术知识与创新共同体，要把欧盟建设成为世界上最具竞争力的知识型经济体。

目前京津冀协同发展已上升为国家重大战略，三地正在协力打造一批高水平创新平台。科技创新形成全新的产业发展分工，构筑起新的区域产业集群。一个极富竞争力、具有世界影响力的创新型城市群将在华北大地崛起：北京打造技术创新总部基地、科技成果交易核心区、全球高端创新中心和创新人才集聚中心；天津打造产业创新中心、高水平现代化制造业研发转化基地和科技型中小企业创新创业示范区；河北打造科技成果孵化转化中心、重点产业技术研发基地、科技支撑产业结构调整和转型升级试验区。"高铁效应"加速了人才、智力的流动，催生着京津冀创新共同体的诞生和成长。

"高铁效应"还沿着京广、京沪高铁带，将北京的科技创新资源，输送至珠江三角洲、长江三角洲落地、开花、结果。清华大学在广东深圳、浙江嘉兴等地建立了院地合作的研究院，发挥各自的优势，协同创新。深圳清华大学研究院探索出"科技创新孵化器"的发展模式，建立了完善的"科技创新孵化体系"。企业在孵期间，销售额平均增加了7.8倍，利润平均增加了8.1倍，发展速度是社会上同类企业的6倍，创造了协同创新促进区域经济发展的成功范例。清华在嘉兴建立了浙江清华长三角研究院，使清华的科技创新种子在这块肥沃的土壤上结出丰硕的果实。最近，上海的松江，浙江的嘉兴、杭州，将依托沪杭高铁与G60高速公路，建起一条科创走廊，共建共享区域创新体系。昔日曾是中国共产党诞生之地的嘉兴南湖，如今成为培育科技创新企业的又一"摇篮"。

曾几何时，科技成果的异地转化，还被指摘为"墙内开花墙外香"。然而，春色满园关不住。如今，因地理位置、行政区划形成的堵堵围墙，在高速交通的冲击下正在消弭。一处开花万里香。据测算，北京中关村的科技成果只有4%在本地转化，而百分之八九十已在珠江三角洲、长江三角洲等地转化。飞速的高铁车轮，正配合着跨区域协同创新的步伐，驰向创新型国家的宏伟目标。

五、高铁塑造新经济带

综上所述，高铁网络将改变我国现有经济带的格局，促成新的经济带。本节以"四纵四横"为例，加以简述。

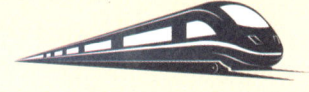

（1）"四纵四横"的"第一纵"京沪高铁。它的开通，连接了京津冀经济圈和长三角经济圈，形成一个哑铃式的格局；并将长江流域与黄河流域串联起来，惠及中部的山东、安徽等地，使东部五大经济圈连成一片，形成一个颀长形的新经济带。

北京作为首都，有丰富的政策、信息资源，京沪高铁的开通，给以上海为中心的长三角更快地带来政策、信息流，成为长三角地区发展的宝贵财富。而同时，长三角的物质要素会加快流入首都经济圈，促进和带动首都经济圈的发展，其市场经济的理念和海派文化也将潜移默化地影响首都地区。

京沪高铁经过鲁南经济带的曲阜、枣庄；再往南，穿过安徽省和南京为中心的经济带。合肥—南京的合宁铁路已与京沪高铁实现对接，合肥至蚌埠的合蚌客运专线也已与京沪高铁相连，帮助安徽融入长三角经济圈。中国东部五大经济圈相互勾连，产业分工更加明晰。与此同时，凭借京津冀地区与西北、东北紧密相连的高铁线网，全面实现南北互通，一条京沪高铁，将托起我国东部充满活力的巨型经济带。

（2）"四纵四横"的"最长纵"京广高铁。当旅客从寒冷的北方越过黄河、长江和珠江，不到 8 个小时就来到温暖如春的南方，窗外的景观也从皑皑白雪到郁郁葱葱，一种"方别寒冬就迎春"的感受油然而生。

京广高铁全长 2 298 公里，纵贯近 30 个城市，串起环渤海经济圈、中原经济区、武汉城市圈、长株潭城市圈、珠三角经济圈等五大经济圈，形成贯穿南北的高铁经济带，使沿线的 28 个城市进入 8 小时经济圈。京广高铁还释放了既有线路的运力，实现京广铁路客货分离，大大释放京广铁路既有线路的货运能力。如丰台西至武汉北间每年可增加货运能力 2 000 万吨左右，给钢铁、水泥、玻璃制造等传统产业发展提供有力的运能保障。

（3）"四纵四横"的"东北纵"京哈（大连）高铁，自北京—沈阳—哈尔滨，将是连接东北和关内的大通道。它开通运行后，将对振兴东北老工业基地、推动东北区域发展，起到重要作用。这条高铁不仅拉近了东北各主要城市的时空距离，还与京沪、京广线相连，架起了上海、广州等南方城市到东北的高架桥，大大地加强了东北地区与内陆的经济、文化交流，便于关内外人流、信息流、资金流的交互融通，促进区域的均衡发展。

（4）"四纵四横"的"沿海纵"东南沿海高铁，从上海—杭州—宁波—福州—深圳，连接长三角、珠三角和东南沿海地区。它由沪杭线、杭甬线、甬台温线、温福线、福厦线、厦深

胶济客运专线

线组成。这条沿海大动脉打通后，从上海至深圳的时间，由以前的18小时缩短到近12小时。这条高铁穿越浙江、福建地区丘陵众多的复杂地形，成为连接我国东南沿海的黄金走道，对于促进东南沿海的经济社会发展和加强国防建设，都具有重要的意义。

（5）"四纵四横"的"第一横"徐兰高铁（徐州—郑州—兰州），全长1 400公里，连接长三角城市群、山东城市群、中原城市群，串联关中—天水经济区，成为横贯我国东西部的高铁大动脉。这条客运专线运行后，实现客货分线运输，对于扩大陆桥通道运输能力，加强华中、华北、华东与西北地区的客货交流和"一带一路"战略，具有重要意义。

（6）"四纵四横"的"最长横"沪昆高铁，自上海—杭州—南昌—长沙—贵阳—昆明，连接华东、华中和西南地区，全长2 264公里，是里程最长、经过城市最多的一"横"。沪昆高铁的开通将大幅度提高沿线各省份的可达性，优化了沿线各省份的产业结构。江西可承接来自长三角、珠三角、武汉城市圈和长、株、潭城市群的产业转移，实现劳动密集型产业向知识密集型和技术密集型产业的转型；对湖南省制造业发展和产业转型升级以及开发湖南省的各类资源产生积极影响，同时也将对湖南省的相关产业和产业集群化发展提供更广阔的经济视野；使云南省更好地接受来自东部地区的产业转移，促进云南省的产业结构调整；对于云贵地区的就业也是很大的推动，大大加快了其经济发展的速度，带动经济发展。沪昆高铁的开通，实现了这条线上的客货分离，释放了大量运力，以贵州为例：沪昆线上原来80%的客运运力将转向沪昆高铁，货运能力大大释放了，沿线城市物流成本将骤降。

（7）"四纵四横"的"沿江横"沪汉蓉高铁，从上海—南京—武汉—重庆—成都，全长1 985公里。这是一条与长江黄金水道齐头并进的沿江高速铁路，形成了水路、公路、铁路复合交通轴，三种交通运输方式相互补充，更趋合理；并改变了沿长江经济带的断裂状况，使其连成一个整体，有效地促进长江经济带的经济融合和快速发展。沪汉蓉高铁成为沟通川渝地区与中南、华东地区之间最重要和最便捷的运输通道。川渝地区资源丰富，是我国实施西部开发的主要地区之一；中南、华东地区经济发展较快，尤其是华东地区，具有资金、技术、人才资源丰富的优势。沪汉蓉高速铁路，可将经济发达的长江三角洲地区与经济发展较快的华中地区、人口稠密的川渝地区紧密联系起来，有利于东中西部资本、技术、人力资源跨区域快速流动，加强东中西地区之间资源优势互补，促进区域经济协调发展，对推动西部大开发和实施可持续发展战略具有重要意义。

（8）"四纵四横"的"北横线"青太客运专线，东起青岛，西至太原，由济青高速铁路、石济客运专线和石太客运专线连接而成，沟通了华东和华北。石太铁路客运专线是中国开工最早的高速铁路，把太原、石家庄和北京纳入一个共同的城市群，不仅为出行、交流带来便捷，更通过客货分离，腾出了石太铁路的运力，提高晋煤外运能力。济青高铁是继胶济客运专线后，连接济南和青岛的第二条快速通道，形成山东半岛到京津冀、东北方向和中原城市群、长三角的快速客运通道；济青高铁建成后，济南与青岛之间将形成济青高铁、胶济客运专线和原胶济铁路并存的"客货分离六线"运输格局，合理分工、各展所长。济青高铁以其速度优势承担区域对外客运的中长途客流，胶济客运专线承担济南至青岛间的城际铁路功能，原胶济铁路承担区域间的货运功能，实现运力资源合理配置，大大提高胶济通道运输能力。

第三章

高铁与城市发展

一、"轨道上的新城"

二、高铁和城镇化建设

三、高铁描绘城市新图

四、为城市增添个性美

五、高铁托起世界级城市群

一部城市发展史，折射着人类文明进步的历程，包括交通技术的变革与发展。高铁将对我国的城市发展、城镇化建设、城市规划、城市转型升级和城市群形成等一系列城市化建设问题，起到重大的影响；并对城市地区的社会经济结构、空间布局发挥巨大的引导和带动作用。

一、"轨道上的新城"

城市的形成和发展,与水有密切的渊源关系。伴水而生、依水而兴,是城市发展的普遍性规律。春秋时期的政治家管仲曾在《管子》中说:"凡立国都,非于大山之下,必于广川之上。"就是对城市建设的精辟之言。中外古都名城,多坐落于江河湖海之滨。除了水源的便利、环境的秀美,很重要的原因,就是水路带来的交通便捷。

铁路的兴起,成为继水路、公路后另一便捷的交通手段,从而为城市的发展提供了新的动力。翻看国内的交通地图,沿着京沪、京广等铁路发展起来的城市就有安徽蚌埠、山东德州、江苏徐州、河北石家庄、湖南株洲等。这些城市有的虽也伴有水系,但更重要的是依托铁路这一交通命脉带来了城市的兴盛。石家庄市的兴起就是凭借优越的铁路交通条件而迅速发展的一个典型例子。20世纪初,石家庄只是个小村庄,面积还不足0.1平方公里,仅有200户人家,600余口人。由于铁路的修建,使石家庄成为重要的物资集散地,并促发了工商业、服务业、金融业的全面兴起。后随着石太、石德、京汉三条铁路在石家庄接轨,使石家庄的交通与经济地位进一步提高。石家庄从小村庄演变成大城市的速度之快,甚至不亚于从小渔村到大上海的传奇。铁路对城市兴衰的影响,可见一斑。又如,老京广铁路原计划在原河南省开封市附近过黄河,但因地理原因改道郑州市,结果郑州市发展成了省会城市。而作为河南省的第二大城市,开封市的经济发展却一度处于落后状态。1994年,《经济日报》曾发表《开封何时能开封》的文章,令开封上下振聋发聩,为之一惊。进入新世纪后,开封步入发展快车道,尤其在交通设施建设上加大投入。如今,郑州至开封的郑开城际铁路已投入运营,郑开两大都市间18分钟就可快速到达,使开封接入京广高铁网,促进开封进一步"开

高铁经济 >

石太客运专线

封",并加快了郑开城市一体化进程。

据统计,至2015年,中国拥有百万人口以上的城市有142座,其中拥有千万人口以上的城市有6座,500万～1 000万人口的城市有10座。到2025年,中国将出现221座人口超过百万的城市。随着大城市人口规模与综合承载能力间矛盾的加剧,需要加强综合交通网络和信息网络的连接,通过产业和公共资源布局的引导,适当疏散转移大城市的经济功能和其他功能,增强城市群内中小城市和小城镇集聚经济、人口的能力。

回顾近、现代史,世界经历了三次城市化浪潮。第一次是大城市的兴起,这是工业化和分工深化的结果;第二次是小城

> 第三章　高铁与城市发展

市的扩散；目前全球开始了第三轮城市化浪潮，主要特点是通过强化大城市与中小城市的交通和网络联系，提升以大城市为中心的城市圈的国际竞争力。这个趋势在伦敦、巴黎、柏林、法兰克福、阿姆斯特丹、东京、大阪等城市开始起步，使大城市获得了更加重要的地位。

面对这些新趋势和我国人多地少的实际情况，更需要对目前的城市格局做一次新的整合，以大城市为核心，整合中小城市和小城镇，培育和建立起符合在中国和全球经济定位的大城市圈。显然，在这一整合的过程中，包括高铁在内的快捷交通网络将发挥重要的作用。

受到国内外瞩目的京津冀一体化发展，就把轨道交通放在重要的地位，提出"轨道上的京津冀"思路，打造京津冀主要城市间一小时交通圈。2016 年 11 月，京津冀地区城际铁路网规划获得批复，以京津、京保石、京唐秦三大通道为主轴，到 2030 年基本形成"四纵四横一环"城际铁路网。

雄安新区

届时，天津到保定缩短至1小时，北京至天津滨海新区缩短至1小时——京津冀"一小时交通圈"和"半小时通勤圈"初步形成，以北京为核心的世界级城市群将呼之欲出。

正是有了"轨道上的京津冀"，才为党中央、国务院做出建设雄安新区的重大战略决策创造了条件。雄安新区地处北京、天津、保定腹地，规划之初，就考虑到这一地区的交通便利性。新区东至大广高速、京九铁路，南至保沧高速，西至京港澳高速、京广客专，北至荣乌高速、津保铁路等交通干线，可以较快地形成与北京、天津、石家庄的半小时通勤圈。

2018年2月28日，北京至雄安新区城际铁路正式开工建设。该铁路自京九铁路李营站起，经北京大兴区、北京新机场、霸州市，终至雄安新区，全长92.4公里，全线设五座车站；建成后从北京城区到雄安新区的铁路通达时间仅约30分钟。另据京津冀地区城际铁路网规划，固安至保定城际铁路、北京至石家庄城际铁路等9个项目均已获批，计划在2020年前实施。新的路网将涉及雄安新区的安新县和紧邻雄县的白沟镇。由此可见，雄安新区与京津之间交通的高效便捷联系，对雄安新区的发展将起到重要作用。雄安新区将成为一座典型的"轨道上的新城"。新区内部还将建设以绿色交通为主导的综合交通体系，成为展示先进交通系统的舞台。正如《新华社通讯》中所说的："13年后的2030年，一座绿色低碳、信息智能、宜居宜业的现代化新城显露活力，成为有较强竞争力和影响力、人与自然和谐共处、闻名遐迩的城市新星。"

二、高铁和城镇化建设

中国正在实施一项规模宏大的新型城镇化规划。城镇化是人类社会发展的客观趋势，是国家现代化的重要标志。工业革命以来的经济社会发展史表明，一个国家要实现现代化，必须注重城镇化发展。而目前我国常住人口城镇化率为53.7%，户籍人口城镇化率只有36%左右，不仅远低于发达国家80%的平均水平，也低于人均收入与我国相近的发展中国家60%的平均水平。我国中西部地区发展相对滞后，表现之一就是城镇化率不高。目前东部地区常住人口城镇化率达到62.2%，而中部、西部地区分别只有48.5%和44.8%。随着西部大开发和中部崛起战略的深入推进，东部沿海地区产业转移加快，在中西部资源环境承载能力较强的地区，加快城镇化进程有利于促进经济增长和市场空间由东向西、由南向北梯次拓展，推动人口经济布局更加合理、区域发展更加协调。

白沟镇箱包市场

高铁经济

城镇化建设需要综合交通运输网络作为支撑。因此，必须完善综合运输通道和区际交通骨干网络，强化城市群之间交通联系，加快城市群交通一体化规划建设，改善中小城市和小城镇对外交通，发挥综合交通运输网络对城镇化格局的支撑和引导作用。根据国家规划，到2020年，普通铁路网将覆盖20万以上人口城市，快速铁路网基本覆盖50万以上人口城市。尤其要改善中小城市和小城镇交通条件，加强中小城市和小城镇与交通干线、交通枢纽城市的连接。

高铁将带动新型城镇化的起飞。首先，高铁将加强对人口流动、聚集的服务能力，从而促进新型城镇化进程。从京沪、京广高速铁路建成运营后三年客运量的变化来看，高铁客运量显著增加。其中京沪高铁线年均增长85%，京广高铁线年均增长50%，充分说明高速铁路对人口流动具有显著的诱增效应，使原先鲜为人知或知名度虽高但交通不便的中小城市（镇），因人流涌动和环境宜居，成为吸纳人口的热点。高速铁路建设正全力助推着新型城镇化进程。

尤其是大容量、集约型、通勤化的城际铁路，是城市群内部大、中、小城市之间联系的重要纽带，通过提高城际可达性，既缩小了城市群的空间范围，也扩大了城市群人口的流动范围。依托着一条条铁轨的沿线城镇，带来了新的区位优势，获得了与大城市比翼齐飞的机遇。

被誉为中国箱包之都的河北白沟镇，每年生产8亿只箱包销往各地，国内市场占有率达35%，是全省箱包特色产业出口基地。然而，客运交通一直是这个箱包之都的短板。白沟没有火车站，高速公路在白沟没有出口，客户要到白沟，得先到北京首都机场，然后驱车二百多公里才能抵达白沟；若遇到北京堵车，到白沟起码要花一上午的时间。返程时也须先在白沟住上一晚，第二天才能走。"交通的不便，大大减少了优质客户上门看货的次数，生意自然会流失一些。"箱包老板们说。如今，津保铁路的开通，让白沟有了高铁车站。现在，客

海口东站

博鳌亚洲论坛会址

> 高铁经济 >

户乘飞机到达天津机场，再从天津西乘高铁直接到达白沟站，全程只要 37 分钟。一位箱包店老板说："以前我们的客户一年才来个两三趟，去年高铁开通，他们来的次数明显增多，订货也多了。"据估计，津保高铁开通后，该店的生意起码会增长 10%～20%。

一位从事国际商贸的集团副总说："津保铁路开通后，来白沟的国际采购商多了。这些外商主要驻扎在义乌，现在义乌到天津开通了 3 班高铁，从天津到白沟才半个多小时，国际采购商到白沟进货采购，可比以前节约 43% 的成本。"

有了交通的便捷，原创设计研发人才也开始从天津、石家庄、西安、杭州、北京等地向白沟会集。白沟生产的箱包，增添了更多的时尚元素和流行色彩，也让箱包老板们对未来更充

红色娘子军纪念园

满了希望和期待……

"没有高铁，城镇就像是散落的珍珠；通了高铁，城镇就是项链上的珍珠。"海南省琼海市委书记在接受记者采访时，结合该市"田园城市　幸福琼海"的打造，形象地比喻了高铁对城镇化建设的助推作用。

琼海市位于海南岛东部、万泉河口，是一个自然资源丰富、风光秀丽的县级市，下辖12个镇，包括著名的博鳌镇。海南环岛高铁的开通，极大地改善了琼海的交通状况，助推了琼海的快速发展。近年来，琼海以打造"田园城市"为载体，构筑起"城在园中、村在景中、人在画中"的美丽家园。而高铁以一流的服务和高效的方式突破了城市郊区发展的瓶颈，给琼海带来信息流、资金流、商业流等的快速流通，加速扩大了信息、技术和资源的传播，带动地方经济发展，为琼海发展带来了契机。

去年冬天，笔者以"候鸟"的身份到琼海栖息10天，亲身领略到环岛高铁受旅客欢迎的程度。一条银链绕宝岛，无限风光看不尽。从海口经文昌、琼海至博鳌：航天发射基地、红色娘子军诞生地、博鳌亚洲论坛会址，海南环岛高铁，不仅是世界上最美丽的高铁环线，更将带动沿线城市的快速发展。

小也是美的。发展小城镇是世界性的趋势。美国只有4%的人口居住在城市中心，而大量的人口分散在郊外和小城镇。欧洲的许多小城镇更是以环境秀丽、适宜居住而闻名遐迩。根据我国的国情特点，发展新型小城镇更具有重要的意义；而高铁网络的发展，为此提供了强有力的助推作用。

三、高铁描绘城市新图

高铁建设影响着城市的规划，规划是城市建设发展的蓝图。习近平总书记在2014年考察北京规划展览馆时指出："考察一个城市首先看规划，规划科学是最大的效益，规划失

高铁经济 >

误是最大的浪费,规划折腾是最大的忌讳。"(《人民网》2014年2月)而城市规划必须与交通规划同步。规划引领,交通先行;蓬勃发展的高铁建设,将起到引领城市格局变化的作用。高铁带动了城市发展与空间的拓展,尤其促进高铁站周边地区快速发展,形成高铁新城或新区。

徐州是重要的铁路枢纽,京沪铁路、陇海铁路两大干线在此交会。然而,徐州的经济发展和城市建设,曾在江苏省内位居后列。2010年,笔者曾到徐州访问,从高速公路下来,就看到"迎接高铁"的大幅标语。看来,徐州对高铁的开通抱有很大的期望。2011年,京沪高铁开通,标志着徐州进入"高铁时代",也带动了城市格局的变化。在全国"八纵八横"高铁网中,徐州处于最重要的一纵(京沪)、一横(陇海、兰

徐州东站

> 第三章　高铁与城市发展

上海虹桥火车站

新，丝绸之路大陆桥）两条高铁通道的交会处，成为东西、南北经济联系的重要"十字路口"，全国最为重要的高铁枢纽之一。徐州迎来了令众多城市羡慕的"高铁机遇"。

　　高铁不仅提高了徐州的城市地位，还改变着徐州的城市规划。凭借"高铁机遇"，徐州正在着力打造"徐州都市圈""东陇海城镇轴的中心城市""江苏省新兴工业化地区""我国中西部地区的主要出海通道"。以徐州为中心的经济区域带，跨越苏鲁豫皖四省，包括江苏的徐州市、连云港市、宿迁市以及安徽、山东、河南部分城市，涉及人口3 188万人，面积4.8万平方公里。根据已经出台的《徐州都市圈规划纲要》，徐州都市圈将强化徐州市的中心城市功能，形成以徐州主城区为核心、沿陇海线这一横轴线所构成的"点轴"空间结构。

　　依托高铁，徐州正在规划高铁商务区，形成徐州新城区。徐州新城区是徐州第二经济、教育中心，将被打造成为以总部

57

高铁经济

经济、商务金融、商贸物流、科教研发、文化旅游等服务产业发展为核心的城市副中心，成为徐州的商品交易中心、交通枢纽中心、区域物流中心和高端宜居区。

随着高速铁路发展，已在全国范围新涌现出一批以现代化高铁站为依托的综合交通枢纽，在此基础上形成了高铁新城。高铁新城的综合功能和集聚效应，抑制了城市外围无序蔓延的现象。广州南站的所在地原来是一个田野小村庄，随着交通枢纽的形成，正在成为大型现代化高铁新区，并将规划成为"泛珠CBD"，集出行、购物、文化、娱乐、居住于一体的"都市综合体"。长沙高铁南站位于原是穷乡僻壤的黎托乡，现在成为连接京广高速铁路与沪昆高速铁路的重要枢纽，也是中

上海虹桥站模型

南地区的区域性铁路客运中心，形成以"长沙新门户、产业新高地、城市新地标"为定位的长沙高铁新城。这些现代化枢纽不仅仅是集多种运输方式为一体的交通综合体，更是集交通、商业、商务等功能为一体的城市综合体。围绕现代化高铁枢纽形成的"临铁经济"效益已经显现，对于打造城市新增长极，提升城市区域发展整体能级，具有重要作用。

上海虹桥综合交通枢纽，是高铁影响城市总体规划的又一案例。上海作为我国最大的城市之一，原有的铁路新客站、南站已不适应作为交通枢纽的要求。2005年3月上海市提出于虹桥机场西侧发展综合交通枢纽的构想，2005年5月原铁道部、上海市共同确定建设虹桥综合交通枢纽，并正式

上海国家会展中心

高铁经济 >

虹桥新城售楼处

启动规划设计工作。根据规划，虹桥综合交通枢纽将成为高速铁路、城际和城市轨道交通、公共汽车、出租车及航空港紧密衔接的国际一流的现代化大型综合交通枢纽。虹桥综合交通枢纽将推动周边区域城市功能的发展，形成枢纽型新都市区。

为构建世界级国际大都市发展框架，上海需要在市域甚至更大的范围内思考未来大都市区功能布局，在空间战略上形成"多心多核"的发展格局。而虹桥综合交通枢纽的建设，正适应了上海未来发展的需求。建成后的虹桥枢纽是个"超级车站"。在这个车站里，高铁、磁浮、城际列车、城市轨道和长途高速巴士、城市公交等车站相互衔接，涵盖了除水运之外的所有交通方式，设计日客流集散量可达110万～140万人次，每年超过4亿人次集散。按照交通功能最全、换乘方式最多、可达性最高、换乘距离最短、旅客流量最大的目标，建设成为世界上水平和标准最高的大型交通综合体，成为上海城市发展的一个"新亮点"。

依托虹桥综合交通枢纽，将形成面积约86平方公里的上海虹桥商务区，其中主功能区面积26.3平方公里。上海虹桥商务区将形成以总部经济、贸易机构、经济组织、商务办公为主体业态，会议、会展为功能业态，酒店、商业、零售、文化娱乐为配套业态的产业格局。其中，重点支持发展包括现代商贸业、会展旅游业、金融服务业、创意产业等12大类的产业。目前，总建筑面积147万平方米、世界上面积第二大的建筑单体和会展综合体——国家会展中心，已矗立于虹桥商务区核心区西部，与虹桥交通枢纽的直线距离仅1.5公里。虹桥商务区已入驻企业超过700家，其中包括30余家开发商总部和上市公司区域总部，累计注册资本37.25亿美元。一个上海现代服务业的集聚区、上海国际贸易中心的新平台、面向国内外企业总部和贸易机构的汇集地，以及服务长三角地区、服务长江流域、服务全国的高端商务中心将形成，成为"大虹桥新区"，与上海浦东新区东西呼应，成为上海向未来发展的"双翼"。

四、为城市增添个性美

高铁似条条银线，穿起了一座座大小城市，不仅缩短了城市间的时空距离，而且使城市能高屋建瓴，提升自己的俯视度。"欲穷千里目，更上一层楼"，站上新的高度，以更广阔的视野和视角，看清自身的定位，避免"角色"的错位、个性的缺失和产业结构的同质化、类同化、趋同化。

多年来，我国的城市建设因"千城一面"的尴尬而广受诟

高铁经济

病。有人形容，200个城市如出于同一母细胞，把几百年、上千年形成的千姿百态、各具特色的城市变成了同一形态、同一面孔：南方北方一个样、大城小城一个样、城内城外一个样。其实，一座城市就像一个人，如果没有独特的性格，也就不存在城市特有的灵魂和魅力。

城市的灵魂和魅力体现了城市的个性美，其表现在物质和精神两个层面。物质层面包括城市的建筑、设施、道路、园林、环境等等，是城市的基础条件和外貌特征；精神层面体现

上海迪士尼乐园

在城市的文化、风气、习俗和城市人的气质、特性、观念等，是城市的内在特征。一个城市应该保持它的特色，在历史和文化的传承上不断提升自己，才具有真正的魅力。然而，我们不能不遗憾地看到，在中国城市发展历程中，物理层面的克隆化、山寨化，正在抹杀城市的个性。大江南北、内陆沿海，所到城市都是一样的高楼、广场、街道，设计缺乏创新、同类化比比皆是。而这种刻板、单调的城市外貌，又潜移默化地影响着城市人的审美观念和精神气质，包括创新意识、个性意识。

城市个性美的缺失，有多种复杂的因素，其中一个重要原因是行政分割造成的"小国情结"，每个城市都想自成一统、自我完善。而奔驰的高铁似一把把利箭，正在刺破城市间的行政壁垒、拨开遮住视线的眼翳。时空距离的缩短，促使城市间交流的便捷和频繁，让人们有更多的比较、鉴别和选择。"同城效应"不是"类同效应"。城市的规划和设计，将打破"一叶障目，不见泰山"的短视，摒弃雷同的高楼、盲目的模仿、山寨的风貌，重新寻回自己的灵魂，张扬个性和特色，显现城市独特的个性和魅力。

高铁带来的"同城效应""同域效应"，冲破了城市间、区域间的行政壁垒，拓宽了城市的视野，开阔了城市的胸怀，认识到一个城市的规划不能仅仅就城市论城市，必须从更大的范围——区域的范围甚至国土的范围来研究与城市发展有关的问题。必须对更大范围的商业、交通、环境等方面做全面的考量，在对城市周边区域做好研究的基础上，以全局性眼光审视自身的定位，以区域性规划指导城市规划。

高铁为沿线城市带来了城市发展的"全域意识"，各自为政的狭窄胸怀将不再适应高铁时代。"单打独斗"的城市是没有未来的。最近，浙江嘉兴提出要建设成为全面接轨上海的示范区后，立即与上海签订了开展全面合作的30个合作协议，涉及共建G60科创走廊、共同推进国家双创示范基地建设、人才培养等多个方面。这就使得嘉兴与上海间"同城效应"的

发挥，有了更为广泛和具体的含义。整个长三角地区，依托于高铁带来的"同城效应"，区域一体化日渐明显。在京津冀、珠三角等地，高铁带来的变化同样在发生。

高铁带来的时空距离变化，使得城市必须重新审视新的投资项目，避免重复和类同。上海迪士尼乐园运营后，业绩好于预期，各地纷纷仿效要建主题公园，有的企业集团雄心勃勃地提出在全国各地建立多达20家主题公园的计划，要与迪士尼比个高下。然而，在与上海有高铁相通的一些邻省城市，新建的主题公园并不如原先的预想。据报道，目前中国主题公园大多主题重复、缺乏个性，除少数排名靠前的主题公园外，其他散布于全国的主题公园运营情况不如预期，"同质化"竞争严重；有的乐园开园后不久，游乐设施就有一半处于关闭状态，游客人数远低于原定的目标。

类似的教训还有很多。中国上千年的小农经济，曾严重桎梏了社会的思维能力，影响至今。而高铁发展所引发的"高铁思维"，正在冲破这种狭窄、短视的思维方式，让城市能在更广阔的时空范围中，审视自身的长、短之处，从而扬长避短，依据自身的特点，重塑个性化定位。城市的建设要取得成功，必须要有特色、有个性，这种特色的形成既是一种历史的积淀和文化的凝结，又是现代思维的结晶。高铁的发展是这种结晶的催化剂。这是高铁发展对城市建设带来的一大启迪和提示。

产业结构的类同化，也是当下许多城市乃至区域的共性问题。中国经济进入高速增长期后，也相伴出现了产业结构在地区间的趋同现象，尤其在轻工、纺织、电子、家电、汽车等行业。20世纪末，时任苏州市委书记的陈德铭曾与笔者有过一次长谈。他说："在新经济背景下的区域布局，城市功能越分越清楚。"美国东海岸的制造业，都与纽约有几十公里到几百公里的距离。金融中心与制造业中心一般是分开的。在金融中心周边100公里的地区，配置制造业和研发中心。美国西海岸的情况也是这样。根据这个规律，苏州的定位是在上海这个国际级的金融、贸易、商业和航运中心之下，发展成为上海周边主要制造业和研发的基地之一。苏州有广袤的土地，劳动力资源丰富，在生态上还基本维系着被称为"天堂"的自然环境。这是一个在上海周边发展研发、制造都十分有利的空间。陈德铭说："在这五六年中，我们一直在摸索苏州的定位。为此，我们提出了四句话：'接受辐射，错位发展，主动服务，形成特色。'我们用了一句形象化的比喻：'大树底下种好碧螺春'。碧螺春长在东山、西山几百年历史的果树下，那些嫩芽要汲取果树的花香。但它从来不会把自己变成果树，而只是长成茶叶。这就是错位发展，形成特色。否则就没有优势了。长江三角洲的其他城市，也都有各自的正确定位问题。"

确实，定位是一个城市发展的前提和基础。然而，由于地理、历史、观念及交通条件等因素的影响，城市定位的模糊性却普遍存在。许多地方盲目追求"大而全""小而全"，使得市场要素流动受到阻碍，地区优势不能充分发挥，从而降低了资源配置的效率，影响全国范围内产业结构合理布局。高铁的发展将以优良的运输基础结构、高效的运输能力，抑制这些因素的影响作用，提升产业布局的灵活性与自如性。

高铁效应能形成对产业转型升级的有力支撑和引领。依托高速铁路所产生的"同域效应"，实现区域资源共享，加快产业梯度转移，有效推动区域内产业优化分工；围绕构建高铁沿线产业链条，形成比较优势，促进沿线地区的产业协调互补发展。如随着沪宁、沪杭、宁杭等高速铁路的开通，带动长三角地区协同分工、错位发展、有序布局的产业体系逐步完善，引导、支撑上海形成金融、高科技等知识型服务业体系，杭州以电子商务、文化创意等为核心的高附加值产业体系，宁波形成以现代物流商贸和先进制造业为主的商贸产业体系，苏州、无锡、常州等形成具有区域特色的新型制造业产业体系的发展。

五、高铁托起世界级城市群

城市群是城市发展到成熟阶段的最高空间组织形式，是指在特定地域范围内，以1个以上特大城市为核心，及至少3个以上大城市为构成单元，依托发达的交通、通信等基础设施网络，所形成的空间组织紧凑、经济联系紧密，并最终实现高度同城化和高度一体化的城市群体。

以城市群组织形式为代表的城镇密集区域，成为集聚国内乃至国际经济社会要素的巨大影响空间，如美国东北海岸、五大湖沿岸，日本东海道地区，英国以东南为中心向西北方向延伸的地区，西北欧以阿姆斯特丹、巴黎和鲁尔为中心的地区，这些大型城市群被认为是最成熟的世界级城市群地区。

成熟的世界级城市群应具备以下条件：

1. 区域内城市密集。

2. 拥有一个或几个国际性城市，如美国东北部城市群的纽约、大湖城市群的芝加哥，日本太平洋沿岸城市群的东京、大阪，英格兰城市群的伦敦，西欧城市群的巴黎等。

3. 多个都市区连绵，相互之间有较明确的分工和密切的社会经济联系，共同组成一个有机的整体，具备整体优势。

4. 拥有一个或几个国际贸易中转大港（如纽约港、横滨港、神户港、伦敦港、鹿特丹港、上海港）、国际航空港及信息港作为城市群对外联系的枢纽，同时区域内拥有由高速公路、高速铁路等现代化交通设施组成的发达、便捷的交通网络。这一交通网络是城市群内外巨大规模社会经济联系的支撑系统。

5. 总体规模大，城镇人口至少达到2 500万。

6. 国家经济的核心区域。例如，日本太平洋沿岸城市群以不到七分之一的国土集聚了全国二分之一的人口和58%的产出。

城市群的形成经过两个阶段。对于大多依赖陆路交通的城市来说，随着高速公路的出现，城市之间的联系加强，出现相邻城市间"一体化"。此时的一体化更多是有车族的一体化，多数居民的活动范围仍以原住城市为主。而随着高铁出现，相邻城市的融合需求进一步提升，使传统的一小时都市圈概念有了新的含义。此前，一小时都市圈指的是汽车速度，意味着100公里半径以内，而高铁正常运营速度为每小时250～300公里，则一小时都市圈的概念和面积将大为扩展。

高铁都市圈带来的经济效益将非常明显。便利的高铁，可以实现都市圈内部居民作业和居住的分流，人们可以到中心城市以外的周边城市、二三线城市居住，中心城市房价将降低，周边城市房价上升，出现房价的"均质化"。企业也没有必要再集中在中心城市，可以到二三线城市发展。相邻城市间的产业联系加强，城市空间扩大，有利于解决交通拥堵、中心城市房价过高等"大城市病"。

今天的大都市群将是被高速铁路缩短了时空距离的大城市空间，它的形成和成长在很大程度上依赖于高速度交通体系的完善。依托于发达的高铁网络，我国将形成十大城市群：京津冀、长三角、珠三角、山东半岛、辽中南、中原、长江中游、海峡西岸、川渝和关中等城市群。其中京津冀、长三角、珠三角三大城市群，将发展成为世界级城市群，在未来20年仍将主导中国经济的发展。长江中游城市群根据国务院批复的发展规划，将纳入该地区已有的武汉城市圈、环长株潭城市群、环鄱阳湖城市群，总面积约为35万平方公里、总人口超过1.2亿。川渝城市群是以成都、重庆两市为中心，依托成渝发展主轴，支撑成渝城市群发展的"脊梁"，辐射带动资阳、遂宁、内江、永川、大足、荣昌、潼南、铜梁、璧山等沿线城市加快发展。

在我国城市化进程中，高铁将对地区社会经济结构、规模和空间布局发挥巨大引导和带动作用。长三角将加快建设各都

市圈同城化交通网,完善以高速铁路、城际铁路、高速公路和长江黄金水道为主通道的多层次综合交通网络,加速苏北等地高速铁路建设。珠三角通过京九、京广等诸多铁路,连通全国的高铁网络,形成粤港澳大湾区。依托高铁网络发展城市群,将对我国城市化的空间格局产生深远影响。今后,城市群宛如一颗颗恒星,环绕其周围的行星就是中小城镇。若干个世界级城市群、数十个国家级城市群和众多的中小城镇,将组成神州大地上流光溢彩的"银河系",为我国城市发展增添辉煌。

第四章

乘着高铁去旅游

一、"快旅慢游"更显旅游魅力

二、走出"深闺"的旅游资源

三、全域旅游与"最美高铁"

四、提升旅游业的国际竞争力

五、高铁旅游带览胜

高速铁路的出现，促使旅游业发生了新的突变。乘着高铁去旅游，成为广大游客的重要选择。高铁沿线丰富的旅游资源正成为新的旅游热点。高铁旅游将促进旅游产业升级换代，由单一的观光旅游向全域旅游转变，进一步促使中国发展成为世界旅游大国。

一、"快旅慢游"更显旅游魅力

人生需要旅游。旅游不仅长知识、开眼界,更是一种生活的情趣、意志的磨砺、人格的提升。"读万卷书,行万里路",是中国历代的古训;而交通是旅游不可或缺的先决条件。当年,徐霞客肩挑行李、胼足跋涉,以"大丈夫当朝碧海而暮苍梧"之志,游历大半个中国,写下60多万字的《徐霞客游记》;今天,交通的日益发展给旅游带来巨大的变化。从骑马走百里,到坐车行千里,旅游的方式、格局在不断地重构和演变。而高速铁路的出现,更促使旅游业态发生了新的突变。

高铁大大缩短了游客出行时间,有效降低了出行的时间成

高铁出行

浔阳楼上遥望锁江塔

衢州开化

本，改变了游客的出游方式，增加了游客的出游意愿。随着人们生活方式的逐渐改变，乘坐高铁来一场说走就走的旅行，将成为最受欢迎的出游方式。

据分析，游客对旅游目的地选择的主要影响因素，是用于旅行的时间、旅游地的旅游资源禀赋、旅游地的交通通达性和旅游地的服务设施。高速铁路为跨区域的300公里～1000公里的中长途旅行提供了新的交通选择。如京沪高铁沿线旅游资源十分丰富，有9处联合国世界遗产、16个中国优秀旅游城市，北雄南秀、风情各异。高铁开通后，上海的都市风光、北京的古城风貌、江苏的江南园林、山东的泉城风光和孔孟儒学等，形成了多姿多彩的旅游线路，成为一条价值极高的高铁旅游带。2017年末正式通车的九景衢快速铁路，从浔阳江畔出发，跨过浩渺的鄱阳湖，经"千年瓷都"景德镇、"最美乡村"婺源，穿过怀玉山脉进入浙江，终抵江南文化名城衢州，宛如一条金丝带，穿起了沿线散落的名山、名湖、名城、名村。

在高铁出现以前，由于交通的不便，普通旅游者的整个旅游行程，花在路上的时间占了大部分，留在景点观光的时间就很有限。游客来去匆匆，走马观花、浮光掠影，留下的就是几张照片，证明自己曾到此一游。但那不是真正的旅游。如今，由于高铁带来的交通便利，游客可以减少花在路上的时间，增加在景点景区游玩的时间。"快旅慢游"时代在高铁的带动下正向我们走来。这既缩短了旅途时间，也改变了旅游格局，使深度游渐趋普遍，有利于激发闲暇较少的群体出游，有利于提高旅游的质量和国民出游率。

"旅游时间比"缩小，旅游可达性提高，进而缩小了游客对目的地的距离感知。据统计，乘坐高铁出行的游客抵达目的地平均耗费3.3小时，而其中耗费1～2小时的占比最高，达到35.3%；在4小时以内抵达目的地的游客占比接近八成。这在一定程度上延长了游客在目的地的逗留时间，激发了游客对

高铁经济

深度旅游的需求。

随着旅游交通条件的改善,"散客自由行"越来越受到广大旅游者的青睐。自由行也称自助旅游、半自助旅游,在国外称自主旅游,它是由游客自行安排旅游行程的旅游形式。散客自助游因其灵活、自由、可选择性强等特点,深受游客喜爱。欧美各主要旅游接待国的散客市场份额达到70%～80%,经营接待散客旅游的能力已成为衡量一个国家和地区旅游业成熟的重要标志。在散客自由行成为国际旅游主流的背景下,高铁将推动我国散客自由行呈现较快增长。目前来看,高铁已接近于公交化,极适合散客出行。尤其是以家庭、亲友为主的自助旅行及以高端消费者为主力军的散客游,将成为高铁时代最具

八达岭青龙桥火车站

价值的潜在消费人群。

随着高铁网的四通八达，扩大了跨区域旅游，推动了高铁旅游经济圈发展，导致游客在更大范围内流动，推动了区域间旅游合作的进程。以前的区域旅游合作呈现的是块状合作，更多是邻近区域的旅游资源共享，高铁将带动高铁沿线城市之间的旅游合作，旅游合作将会呈现线状的特征。以往呈现的点状辐射、近程为主、季节反差、畸冷畸热的客流特征，随着高铁开行将逐步发生改变，陆续出现以高铁线路为主干、以停靠站点为集散地、以沿途周边为辐射面的客源流向新格局。随着高铁主干和网络布局的铺开，旅游客源顺势而动，并明显地流向中小城镇和广大中西部地区，这有利于全国客源流向的均衡与疏散。这种现象的实质，就是高铁开行所带来的影响，大大超越了客源流向的自然蔓延与缓慢调节，加速全国客源流向与布局调整，由此快速影响到旅游市场开发与目的地建设，对旅游业转型升级具有重要的现实意义。

高铁的发展，打破了空间格局，缩短了时间距离，淡化了城市和区域的形态边界，凸显了跨区域的旅游价值。沪昆高铁的开通，就拉近了江、浙、沪和众多中西部地区的时空距离，数据显示：2016年上半年浙江共接待游客3.88亿人次，其中约20%属于"高铁上的来客"。同时，浙江人沿着高铁旅游也日渐流行，出游目的地大部分位于高铁沿线的中西部地区。

今后，如何在更大范围内整合旅游景区景点资源，设计更多的高铁旅游线路，实现合作共赢，将成为高铁时代一个新的命题。譬如，制定跨区域的旅游线路，能让旅客沿途自由上下，一票可游多处景点，实现跨区域的无障碍旅游。高铁旅游的吸引力将更为增强，并产生一系列的深远影响。

二、走出"深闺"的旅游资源

高铁沿线旅游资源丰富，以前被忽视的区域将成为新的旅

高铁经济

游热点。尤其是许多独特性、稀缺性的旅游资源，原来由于交通不便，深藏山中人未知，高铁开通后，将给其带来难得的发展机遇。例如，山西省大槐树、关帝庙、五台山这些都是令人心驰神往的圣地，然而由于交通的限制，旅游业发展不温不火。石太客运专线的开通，拉近了山西与京津唐及环渤海地区的时空距离，不仅让旅游业急剧"升温"，还带动了相关产业的快速发展。同样，衡阳素有"文化重地、宗教圣地"的美誉，是武广高铁旅游黄金线上一个重要节点。以前也是受交通的制约，旅游产业的潜力没有充分发挥出来。高铁开通后，旅客增长迅猛。根据衡阳发展旅游业的规划，到2018年接待游客将达7 000万人次，旅游综合总收入达700亿元。可以预

新疆吐鲁番北站

广西壮族自治区西林县

见，未来几年随着越来越多高铁线路的开通，一些新的旅游胜地将呈现在游客面前，我国的旅游版图将在一定程度上被重新更新。

随着高铁线路的增多，过去难以企及的客源市场被拉近了，长期偏处一方的旅游目的地可迎来大量的中远程客源。基于日趋光明的旅游市场前景，投资者将会把目光更多地投向旅游资源开发相对薄弱的地区。一些靠自然发展需一二十年才能迎来市场机遇的地区，随着高铁的开通将一跃成为新的投资热点。这一切的加速改变，都源于高铁缩短了旅游投资市场的自然发育过程，扩大了市场配置资源的空间。

新疆维吾尔自治区是很具吸引力的旅游胜地，但毕竟路途遥远，影响了内地游客前往。高铁开通后，兰州至乌鲁木齐1 776公里只需约11个小时，以前需要7～10日的旅游线路可优化为3～4日。新疆铁路部门借助高铁优势资源，结合区内各地区特色旅游活动，先后开行吐鲁番"杏花专列""桑葚专列"，东疆哈密"坐高铁品果鲜"水果采摘专列等旅游专

高铁经济

西林宫保府

列。与此同时，北京、上海、广州、福州、武汉、西安、成都等16个城市组织了旅游专列进疆活动。今后，还将有数十个城市继续组织旅游专列抵疆。统计显示，高铁开通后仅半年，新疆接待国内游客就同比增长15.8%，增速高于全国平均水平。

西林县是广西壮族自治区离省会南宁市最远的县份，当地人戏称"省尾"。境内生态环境优良，现代特色农业产业发展良好，有以砂糖橘为主的优质水果种植基地15.8万亩，每年的花季和收获季都是难得一见的乡村好风景。同时西林有"一门三总督"的传奇历史和神奇的句町古国文化等。然而，由于区位和交通的限制,西林旅游资源一直没有得到有效开发,是广西旅游的一块处女地。

高铁改变时空。随着南昆客运专线(昆明—南宁)开通,西林到距离最近的广南高铁站的时间得以大大缩减。目前,西林做起了大旅游规划,正以宫保府景区为龙头,以驮娘江百里生态文化长廊为依托,重点打造宫保风情岛、新丰垂钓休闲区、句町文化园、万峰湖休闲垂钓基地等一批旅游景区(点),与云南广南县一起打造"西林宫保府—西林垂钓—砂糖橘园乡村游—广南世外桃源"等旅游精品线路。昔日发展旅游的"区位劣势",现在变成了"区位优势"。

广东、广西、贵州三省区都有优越的旅游资源和区位优势、生态优势,三省区将依托贵广高铁,使三省区互为客源地

浙江丽水楠溪江古村落

高铁经济

和目的地，催生沿高铁的区域旅游经济带，打造一批生态文化特色精品旅游线路，建成一批具有国际吸引力的生态观光、民族文化、休闲度假和健康养生景区。目前，重点打造的贵阳—都匀—三江—桂林—贺州—肇庆—佛山—广州—港澳跨省区生态旅游产业带，正在努力成为中国最具特色的"山水文化走廊"。

说到湖南，很多游客首先想到的还是张家界、凤凰。其实作为张家界的"邻居"，怀化的旅游资源也非常独特，有浓郁多彩的民俗文化、优良的生态环境，被称为"会呼吸的城市"。沪昆高铁的通车，将怀化丰富的旅游资源带出了"深闺"。2017年，全市旅游接待量由2014年的2 828.51万人次增加到5 000.36万人次，旅游总收入由176.32亿元增加到

福建武夷山九曲溪

393.94亿元。根据规划，到2020年，全市旅游总收入要争取超过1 000亿元。

被誉为"浙江绿谷"的丽水受限于山水所隔，过去上海游客前往的路程超过5小时。金温铁路开通后，上海游客只需要两个半小时，就可以走进宛如童话世界的唯美梯田、山水相映的画中小镇。由此，越来越多的上海市民到丽水旅游，目前上海途经丽水的高铁已增加到每天12班，乘高铁去丽水成为上海游客的热选。

江南水乡、徽派建筑、油菜花海、黄山奇景、武夷茶乡……这些美景被同一条铁路线串联起来——合福高铁。这条被誉为"高颜值"的高铁线路的开通，给沿线城市的旅游业带来15%～30%的客流增长率，并助推当地旅游业的转型升级。由于合福高铁是京福高铁的重要组成部分，将皖赣两省与海峡西岸经济区直接联通，并与京沪高铁、沪汉蓉高铁、沪昆高铁、沿海高铁等多条高速铁路衔接，形成海峡西岸经济区与华中、华北、东北地区最便捷的快速铁路运输通道，对于促进中部崛起和海峡西岸经济发展战略、全面带动沿线旅游资源开发有重要意义。

随着合福高铁的开通，武夷山正加快成为连接闽、浙、赣、皖旅游经济圈的重要交通枢纽。合福高铁穿起了武夷山、黄山、三清山3个世界遗产地和中国最美乡村婺源，不仅使武夷山旅游客源辐射半径大幅拓展，而且推动以武夷山为核心的周边旅游资源整合。合福高铁开通后，台湾立荣航空联合三家台湾旅行社推出合福高铁线走武夷山行程的首发团，当天即告售罄。过去厦门到武夷山需要十多个小时一整夜，合福高铁通车后，从厦门到武夷山仅3小时车程，从福州出发更缩短到1小时。作为国家5A级风景区、世界自然和文化双遗产，武夷山市旅游业接待游客数量在合福高铁开通后，呈现井喷现象，仅高铁开通一个月就同比增长42.86%。

三、全域旅游与"最美高铁"

2015年,国家旅游局提出了"全域旅游"概念;2017年的全国两会上,"全域旅游"被写进了政府工作报告:"完善旅游设施和服务,大力发展乡村、休闲、全域旅游"。

全域旅游是景点旅游的升级版,让游客在观光赏景的同时,能深入体验和享受到区域内良好的自然生态和社会人文环境,了解当地的文化与历史、人文与生活;在休闲度假之中,获得心灵的美化和熏陶。全域旅游要求对区域内经济社会资源进行全方位、系统化的优化提升,以旅游业带动和促进经济、社会协调发展。2016年2月,国家旅游局公布了首批262个"国家全域旅游示范区"创建单位名单。全域旅游将从根本上改变观光式的传统旅游模式,而使旅游成为体验经济的一种形式。

体验经济被称为继农业经济、工业经济和服务经济之后的第四个人类经济生活发展阶段,或称为服务经济的延伸。早在20世纪70年代,美国著名未来学家托夫勒就预言:服务业最终会超过制造业,体验业又会超过服务业;体验产业可能会成为超工业化的支柱之一,甚至成为服务业之后发展经济的基础。

随着世界经济结构的深刻变革,各类新兴的服务业蓬勃发展。一些发达国家早在20世纪70年代就进入了服务经济时代。进入21世纪后,体验经济开始慢慢显露出来。物质文明的发展、居民生活水平的提高、闲暇时间的增多、新技术的不断发展都促进了服务经济到体验经济的演进。工业、农业、旅游业、商业、服务业、餐饮业、娱乐业(影视、主题公园)等各行业都在上演着体验服务,而旅游业必将成为最具发展前景的体验经济领域。

确实,旅游讲究的是体验和感悟的过程,无论酸甜苦辣,不惧雨雪风霜和艰难险阻，体验自然、感悟人生，在漫漫旅途中，获得新知的品位与观察。四百年前的徐霞客，就已经是这样一位"体验客"。他游历四方，探幽寻秘，观察和记录各种风土人情，将考察、探询、调研、写作融合于旅游之中。然而，受当时交通条件的制约，在三十多年的旅行考察中，他主要靠徒步跋涉，连骑马乘船都很少。"平生倾慕徐霞客，万里苍山学壮行"，是许多今日驴友的志向，而今天的"徐霞客"，依靠交通设施的改善，能大大提高旅游的质量和效率。高铁网的建设，更为这种体验式的旅游提供了重要的基础性条件。

2016年底，被誉为"最美高铁"的沪昆高铁全线贯通。从西湖、鄱阳湖到滇池，从梵净山、岳麓山到雁荡山，从大观楼、天心阁到滕王阁，一路的好山好水好风景，吸引着纷至沓来的游客。为此，沪昆高铁沿线湘浙滇黔四省正在共同谋划发展全域旅游的未来。

浙江旅游之所以魅力无限，除了传统的自然、人文资源，还要归功于"新"和"旧"的完美交替。在浙江，既有像杭州西湖、天台国清寺这样成名已久的旅游目的地，也有绿道骑行、极限挑战等不同于以往的"新"板块，还有众多的"美丽乡村"迎接你。今后，浙江旅游将在风光旅游的基础上，开辟健康养老、运动休闲、文化体验、特色民宿、房车自驾营地等新领域，挖掘更多全新的旅游业态，让游客有更多个性化选择。2016年度，浙江省旅游产业增加值3 305亿元，占地区生产总值比重为7.1%，占服务业增加值为13.8%。到2020年，浙江省年接待游客总量将达到7.15亿人次，旅游业总产出将达到1.3万亿元，浙江省旅游业增加值占地区生产总值的比重将提高到8.0%。（《2017—2023年中国旅游地产市场专项调研及未来前景预测报告》）

海南省也是开展全域旅游的示范区。环岛高铁的开通，使海南省有条件把全岛作为一个大景区来规划建设，首批打造100个特色产业小镇、1 000个美丽乡村，将景、城、村、人

和交通线路五大要素融为一体，以景建城、以景绕村、以景绘线，实现旅游要素和服务的全域覆盖，形成处处是旅游环境、人人是旅游形象的旅游大格局。至2020年，海南将基本建成国际旅游岛，创建全域旅游示范省：旅游总人数超过8 000万人次，年均增长7.4%；接待入境游客超过120万人次，年均增长12.5%；旅游总收入超过1 000亿元，年均增长10.4%。（《海南省旅游发展总体规划（2017—2030）》）

高铁在促进旅游产业升级换代，由单一的观光旅游向全域旅游转变的同时，也一定程度上促进了高铁自身的建设和发展。旅游经济是区域经济的重要组成部分，旅游业的发展对高铁建设起到了支撑作用。随着全域旅游的形成和发展，旅游经济对区域经济的溢出效应将日益明显，更能受到地方政府的重视，促使其加速公共基础设施的建设。这样，高铁经济与旅游经济互相促进，起到了一种耦合作用。尤其是西部地区，更应充分利用高铁开通带来的便利条件，促进资源向经济的转化，发挥自身在自然资源、文化资源上的独特优势，发展具有特色的旅游产业，与东部形成错位竞争，借助"一带一路"倡议，努力发展全域旅游，打造旅游黄金品牌。

【知识链接】全域旅游

全域旅游指在一定区域内，以旅游业为优势产业，通过对区域内经济社会资源尤其是旅游资源、相关产业、生态环境、公共服务、体制机制、政策法规、文明素质等进行全方位、系统化的优化提升，实现区域资源有机整合、产业融合发展、社会共建共享，以旅游业带动和促进经济社会协调发展的一种新的区域协调发展理念和模式。在全域旅游中，各行业积极融入其中，各部门齐抓共管，全城居民共同参与，充分利用目的地全部的吸引物要素，为前来旅游的游客提供全过程、全时空的体验产品，从而全面满足游客的全方位体验需求。"全域旅游"所追求的，不再停留在旅游人次的增长上，而是旅游质量的提

瑞士火车

升，追求的是旅游对人们生活品质提升的意义，追求的是旅游在人们新财富革命中的价值。

四、提升旅游业的国际竞争力

高铁的发展提升了中国旅游业的国际竞争力。高铁吸引了越来越多的海外游客来中国旅游，海外游客不仅被中国的美好风景所吸引，而且能体验乘坐高铁旅游便捷。乘上日行千里的高铁，既能饱览窗外一幅幅流动的山水画卷，又舒适而惬意，高铁被赞誉为"铁路游客的天堂"。

交通是影响旅游业发展的重要因素。一般来说，游客所乘坐的交通工具，不外乎飞机、火车、汽车和船。飞机虽快，但天马行空，无法观赏到沿途的风光；坐船只适合于江河水路；汽车和传统的火车虽能一路观景，但受速度所限。而高铁避免了上述交通方式的局限，既能在速度上与航空媲美，又能饱览沿途景色。尤其中国的高铁大多行驶在高架桥上，居高而远

85

眺，视野宽阔，似幅幅流动画卷，是边旅行边观赏中国大好河山的极佳方式。

在世界上，乘坐火车旅游是一种颇受欢迎的旅游方式。加拿大就有一条从温哥华到多伦多的火车旅游线，每年吸引众多的国内外游客。这条蜿蜒行驶在落基山脉、原始森林和高山湖泊间的列车路线，长达4 466公里，是世界上知名度最高的列车旅游线，在为时4天的旅行期间，能欣赏到郁郁葱葱的原始森林、星罗棋布的高山湖泊、广阔的大草原以及气势宏伟的落基山脉，沿途观赏到美丽的自然景观和城市，被称为"美到窒息的旅行体验"。在欧洲，许多游客也喜欢乘坐火车旅行。笔者在瑞士坐过从日内瓦到伯尔尼的列车，一路观赏沿途的瑞士美景，留下了难忘的印象。而中国高铁网的建成，形成了多条各具特色的旅游线路，能以丰富多彩的自然风光和舒适、快捷的旅行体验，吸引海内外的游客。

英国《每日电讯报》的记者曾描述了乘坐高铁旅行的感受："高铁缩短行程时间的效果惊人。无论是从上海到昆明还是从北京到乌鲁木齐，如今行程都以小时而不再以天计算。这令人们乘高铁就能方便而快捷地饱览中国大部分名胜古迹。"

这位记者说："在贵州，高铁的到来将改变当地苗、侗、壮等少数民族的生活——随着城市旅行者的到来，他们突然置身于充斥自拍杆、歌吧和纵情消费的世界。按中国政府的说法就是：铁路将改变落后地区民众的生活，使他们受益于与中国现代社会的进一步融合。"

《澳大利亚金融评论报》的记者描述自己乘坐高铁旅行的体验："从上海到北京，整个行程仅用4.5小时。尽管雨下个不停，但我乘坐的高铁速度一直保持在时速302公里左右。高铁的座位其实更像飞机上的，最后一排的座位上还有空间安放大件行李。虽然只是二等座，但座位空间还是很大，比飞机的经济舱要宽敞。车上的设施也像是机舱里的，椅子上同样有小桌板,小屏幕一直播放信息,连列车员也像空乘人员。"

英国《泰晤士报》记者曾坐高铁周游中国。他说:"乘坐这样的高铁旅行,我得以看到幅员辽阔的中国如何快速发展。从北京到西安,我仅用5.5小时;逗留西安后,再乘上前往武汉的列车,全程4小时;在武汉旅游后,又上了开往南京的高铁,花费4小时;随后,花了1小时抵达上海;最后,又自上海北上,不到5小时回到北京。眼花缭乱中,我乘坐高铁走过了4 000公里。高速列车把中国变小了。"

随着高速铁路网的建成和完善,使中国更成为受海外游客欢迎的旅游大国。据《中国入境旅游发展年度报告2017》,2016年中国接待入境游客13 844.38万人次,同比增长3.5%,规模总量达到历史新高。根据可比口径,2016年中国接待入境过夜游客5 927万人次,同比增长4.2%,市场规模总量位居世界第四,仅次于法国、西班牙和美国。

据携程网数据,外国旅客入境后超过50%的人会选择乘坐火车出行,而其中又有超过九成的旅客选择高铁或动车。此外,选择飞机辗转各个目的地的大约在35%左右,而选择公路交通的仅为10%。

相关专家认为:近年来国内高铁建设进展显著,达到了世界领先的地位,快捷的速度和舒适的体验是高铁吸引外国游客的两大主要因素。同时,相对于飞机来说,高铁能把入境旅客送往更多的目的地,让入境旅客更全面地欣赏和体验城际间的不同景致,并更深入地感受各地的生活气息。据统计,国外旅客来华旅游的重点是观赏中国的山水风光和名胜古迹,而乘坐高铁十分适宜于风景名胜的游览。随着中国对过境旅客实施72小时或144小时免签政策,还能让这些旅客充分利用免签时间,乘坐高铁前往周边地区旅游。以旅游目的地分析,入境旅客在前往重庆时选择乘坐高铁最多,其后依次是北京、扬州、上海、千岛湖、成都、宁波、武夷山、青岛和杭州。分析

显示，乘坐高铁前往上述目的地的入境旅客平均增幅在110%左右，远超往年均值。

近年来，世界旅游业的发展呈现新的特点和趋势，以新兴国家为代表的新旅游目的地不断出现，世界旅游区域的重心正在向东方转移。2016年亚太地区接待入境游客总数为3.03亿人次。中国旅游业的发展正顺应了这一趋势。地域广阔的中国十分适合发挥高铁网的旅游效能，高铁旅游必将越来越受到国际游客的欢迎。

五、高铁旅游带览胜

根据国家"十三五"旅游业发展规划，2015年旅游业对

溧阳天目湖

南山竹海

国民经济的综合贡献率达到 10.8%。旅游业成为社会投资热点和综合性大产业，成为传播中华传统文化、促进生态文明建设的重要力量，并带动大量贫困人口脱贫，让绿水青山成为金山银山。随着高铁网的四通八达，加大了跨区域旅游、推动了高铁旅游经济圈发展。登上最美铁路，体验大美中国，已是百姓最爱的旅游项目。

1. 京沪高铁：京沪一线牵　北南风情异

京沪高铁沿线旅游资源丰富，名胜古迹众多，是一条山水风光和名胜古迹交集汇融的高铁旅游带。

北京　一座充满魅力的城市，名胜古迹数不胜数，故宫、长城、圆明园、颐和园、香山公园、天安门广场等，都是游客的必选之地。

天津　有盘山、黄崖关长城、翠屏湖、九山顶、梨木台、八仙山、九龙山、独乐寺、白塔寺等一批重点旅游景区和度

假区。

济南　"四面荷花三面柳，一城山色半城湖"。除了"天下第一泉"的趵突泉之外，市区的千佛山，龙洞的佛峪，北郊的鹊山、华山，柳埠的青龙山，长清的玉符山、五峰山等，都值得一一探访游历。

泰山　泰山素有"五岳之首"美誉，另外徂徕山、莲花山也值得游玩。

曲阜　一座历史悠久、文物古迹众多、旅游资源极为丰富的东方圣城，不仅诞生并养育了孔子、颜子、孟子，还诞生了中华民族的人文始祖轩辕黄帝。孔府、孔庙、孔林、黄帝诞生地、曲阜明故城、少昊陵、曲阜孔子六艺城、九龙山摩崖墓群、曲阜鲁国故城均是具有特色和浓厚中华民族色彩的旅游胜地。

南京　作为中国四大古都之一，城内可游览的景点数不胜数。秦淮河蜿蜒十里，遍布名胜古迹，沿河两岸酒肆茶楼、店铺民宅比邻而居；夜泊秦淮，桨声灯影惹人迷醉。中山陵、玄武湖、夫子庙、栖霞山也是游客们向往的旅游胜地。

婺源春日月亮湾

常州　中华恐龙园、常州嬉戏谷带你领略刺激，春秋淹城带你品味历史，天目湖带你体验静谧的生活。

无锡　无锡秀丽的美景大多集中在滨湖区，依着太湖，靠着灵山，一步一美景，一景一传奇。无锡景点有：蠡湖、太湖、鼋头渚、灵山大佛、无锡影视城等。

苏州　苏州总给人一种温柔的印象。除了古色古香的建筑外，苏州的园林更是一绝，拙政园、网师园、狮子林、留园，园园精致；周庄、同里、木渎、山塘，水水相依。另外狮子山、天平山、灵岩山、虎丘塔，都为苏州的美添彩。

上海　我国最大的城市之一，国家历史文化名城，旅游资源丰富，既有体现传统文化特色的豫园、朱家角、松江方塔园、龙华旅游城等，又有展示近代名城风貌的外滩万国建筑群、南京路步行街等，更有显示当代经济繁荣的浦东陆家嘴金融中心、东方明珠、迪士尼乐园等。上海正在成为世界著名旅游城市。

2. 京广高铁：朝发北国　夕至九龙

如果你想纵贯神州大地，领略南北经典人文地理风光，就可从北京一直坐到深圳，这是世界上运营里程最长的一条高速铁路，由京石高铁、石武高铁、武广高铁三段组成。始于北京西站，经过北京、河北、河南、湖北、湖南、广东6省市。通过延伸线广深港高铁连接深圳、香港。这条高铁的全程贯通，让旅客真正能领略到"早穿棉袄午穿纱，千里京港半日达"的说法。

3. 东南沿海客运专线：才赏西子湖　又登鼓浪屿

东南沿海客运专线起始杭州，经宁波、温州、福州、厦门到深圳，由杭甬客运专线、甬台温铁路、温福铁路、福厦铁路、厦深铁路组成，全长1 495公里，串联起整个东南沿海地区，连接了长江三角洲、海峡西岸、珠江三角洲三大沿海经济区。游客用9小时就可行遍祖国东南沿海，欣赏沿途不同的自然风光和人文特色。特别是甬台温铁路与温福铁路同时开通，

岳阳楼

云南文山普者黑风景

使旅客一天内体验闽、温、甬风情，不仅为整个华东旅游带起到了串联作用，更实现了温州旅游北接"长三角"、中入"海西"、南连"珠三角"的全面升级，开启了沿海旅游与城际旅游的新时代。由于温福铁路是一条沿海滨修筑的铁路线，沿途的风景美不胜收；再加上高速列车上良好的软硬设施，当属浙江省内最美、最舒适的铁路线。而厦深铁路让闽粤两地首次迈入同一旅游圈，自厦门向南，沿途经过漳州、潮州、汕头、揭阳、汕尾、惠州等地，穿起了我国东南沿海一处处亮丽的旅游景观。

4. "颜值最高的高铁"：合福高铁

这是中国最美的高铁线路，从历史文化深厚的合肥，到古朴悠闲的福州，一路上的风景美得让人窒息：有让人梦回的徽州发源地绩溪、歙县，中国最美乡村婺源，摄影家天堂西递宏村，还有黄山、武夷山等风景。一路游览过来，风景如画让人如痴如醉。

安徽段：途经合肥南、巢湖东、南陵、铜陵北、旌德、绩溪北、歙县北、黄山北等11个站，有古徽州文化旅游区、龙川景区、黄山、皖南古村落等多个5A级景区，古村与山水相融。

江西段：虽然只有婺源站、德兴站、上饶站、五府山站四个站，却囊括了江西北部最美的风景线，包括"画里乡村"婺源、"西太平洋边缘最美丽的花岗岩"三清山、"饶南仙子"五府山等景点。说这条线路是在画中走一点都不为过。

福建段：共有武夷山北、建瓯西、南平北、古田北、闽清东、福州等七个站点，一路风景秀丽，人文底蕴深厚，直达"榕城"福州。

5. 沪昆高铁：最美风景伴千里　一路胜景看不尽

沪昆高铁从上海出发，途经6个省区，穿起了滇池、黄果树瀑布、花江大峡谷、平坝天台山、洞庭湖、鄱阳湖、西湖等人间胜境，同时也穿起了中国十大文化名楼中的五座。

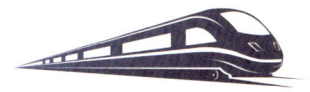

高铁经济

  列车从昆明出发的话，首先你能看到的就是位于昆明市区西部的大观楼，临水而建，楼高三层，其中题匾楹联佳作颇多。列车一路向东穿过贵州进入湖南，岳阳楼是你不能错过的名楼之一。岳阳楼下瞰洞庭，前望君山，自古有"洞庭天下水，岳阳天下楼"之美誉。楼中四根楠木金柱直贯楼顶，周围绕以廊、枋、椽、檩互相榫合，结为整体。北宋范仲淹脍炙人口的《岳阳楼记》更使岳阳楼著称于世。同样在湖南省内，长沙的天心阁也值得一看。天心阁楼阁三层，碧瓦飞檐，朱梁画栋，阁与古城墙及天心公园其他建筑融为一体。列车进入江西，位于南昌的滕王阁也是十大名楼之一。它因唐太宗李世民之弟——李元婴始建而得名，因初唐诗人王勃诗句"落霞与孤鹜齐飞，秋水共长天一色"而流芳后世。列车穿过江西，进入浙江，杭州的西湖一定要去看一看，它是首批入选国家级风景名胜区的景区之一，也是迄今中国唯一一个入选《世界遗产名录》的湖泊类文化遗产。

  鄱阳湖：鄱阳湖是国家湿地公园，也是世界上最大的鸟类保护区，保护区内鸟类有300多种，其中以白鹤最出名，因此又被称为"白鹤世界""珍禽王国"。

  梅岭：梅岭风景名胜区在江南最大的"飞来峰"上，北与庐山对峙。梅岭的夏日千山滴翠，万木浓荫，云舒云卷，清凉怡人，山下江湖环绕，绝对是一个避暑胜地！

  绳金塔：是南昌人的"镇城之宝"。改建后，这里有很多南昌的特色小吃，可以来这里边吃边逛旧时古迹。

  百花洲：南昌东湖之中有三座小岛，合称"百花洲"。后来，也把整个东湖一带的风景区称之为"百花洲"。因为洲上遍长奇花异草而得名。这里一年四季都是花草葱茏茂盛，泛舟游湖，别有一番风味。

  6. 最具民族风情的高铁：南昆客运专线（又称"云桂高铁"）

  千百年来，"彩云之南"的诗意别称，形象生动地向世人展示了云南大地的美丽、富饶、神奇和多彩。当年，徐霞客在云南的足迹遍及今天的曲靖、昆明、玉溪、红河、楚雄、大理、丽江、保山、德宏、临沧等10个州市的46个县，是他一生旅游探险和地理考察的终点。《徐霞客游记》全书62.8万字，记载云南的内容占全书的40%。如今，被誉为最具民族风情的高铁——南昆客运专线的开通运营，使多彩云南的美丽画卷展现在人们的眼前，"江河淌碧玉、群山竞翠微"，列车窗外，满眼都是流动的风景。

　　南昆客运专线全线共设昆明南、石林西、弥勒、普者黑、百色、田东北、平果、南宁、南宁东9个站，从昆明南出发，20多分钟后就到达了被誉为"天下第一奇观"的石林风景名胜区。离开石林，经过弥勒，不到一个小时就来到了以高原喀斯特山水田园风光著名的普者黑风景名胜区。"普者黑"是当地彝族语言，意为盛满鱼虾的湖泊。景区以水上田园、彝家水乡、荷花世界、岩溶湿地、湖泊峰林、鱼鸟天堂六大景观而著称，这里既有桂林山水孤峰、清流、幽洞、奇石的灵秀，又有江南水乡小桥、流水、人家的古朴神韵，还有西湖波光潋滟的明丽，更有比荷花淀还浩瀚的十万亩天然野生荷花。

第五章

高铁对中国制造业的启迪

一、"青胜于蓝"的启示

二、巧夺天工的奇迹

三、"工匠精神"的彰显

四、"中国制造"的"复兴号"

五、高铁的"乘数效应"

中国高铁的崛起，证明了将引进、消化、吸收、再创新和集成创新、自主创新结合起来，走一条具有中国特色的创新之路，就能在这一领域占据世界领先地位。高铁为中国制造业的复兴，提供了具有普遍意义的范本。

一、"青胜于蓝"的启示

作为一个发展中国家，如何赶超发达国家，实现中华民族伟大复兴的"中国梦"，一直是我们孜孜不倦的奋斗目标。为此，我们进行了许多探索，有成功也有教训。改革开放初期，不少人将先进技术的"引进"，简单地理解为"拿来"，而忽略了引进后消化、吸收和再创新等一系列复杂的过程。于是，当年鲁迅笔下的"拿来主义"，竟也被"拿来"而成了热门的流行词。汽车、彩电等工业的发展，就曾走过一段这样的弯路。如今，中国已成为汽车、彩电的生产大国，各种品牌林林总总，但要真正具有自己的核心技术，形成具有国际影响力的自主品牌，还有很长的一段路要走。与此形成鲜明对比的，是中国航天领域取得的巨大成就。由于受到禁运、封锁等外部因素的制约，我国的航天事业只能靠自力更生、自主创新。经历无数的艰难险阻，中国终于成为航天强国，这是自主创新的成功典范。当然，航天领域有一定的特殊性，对于更广泛的工业领域而言，中国高铁的崛起，则提供了具有普遍意义的范本。

由此可见，汽车与高铁走了有本质区别的两条道路。汽车工业走的是以市场换技术，建立合资公司，让出国内市场；虽然也实现了"跨越式发展"，但高端汽车的研发设计仍主要掌握在外方手里，核心产品仍旧需要外方不断导入。而高铁依托于长期的科研积累，在技术引进的基础上，通过消化吸收、博采众长、自主开发，形成了具有自主知识产权的系统性技术。

常说"十年磨一剑"，而我国对高速列车技术的科研攻关，何止十年。从 20 世纪 90 年代开始，中国铁路就开始了对既有线路的提速，运行速度达到了"准高铁"的水平，为高铁的快速发展打下了基础。可以说，"提速"是"高速"的必要准备，"高速"是"提速"的升级。在列车技术上，"八五"期

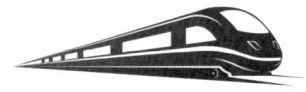

间就立项开展了一系列的技术攻关;"九五"期间已在核心部件的研制上取得了一系列成果,并完成了总体技术及方案研究。在此基础上,开始进行列车整车研制,其关键技术包括列车总体设计、传动系统、控制系统、转向架、制动系统等。正是连续多年的科研攻关,为后一阶段引进高速列车制造技术,提供了国产化的基础,并能对引进技术作进一步的改进、提高、创新,摆脱了核心技术受制于人的局面,建立了中国高速列车的标准体系,创立了自主的中国高速列车技术平台。

高铁为我们提供了从引进到自主创新的智慧性启迪。发展中国家如何冲破国外的技术封锁、垄断,实现后来居上?引进国际先进技术是一种明智的选择,可以尽快缩短差距,抓住战略机遇期,形成后发优势。随着世界经济的全球化,我们应该善于吸收、继承、利用人类创造的知识财富,并加以创造和发展。这既符合科学技术发展的规律,也符合中国的国情。然而,引进不能代替自主研发。一味依靠外来技术,只能永远受制于人。事实证明,核心技术是买不到、要不来的。在这方面,我们已有许多教训,一些产业部门为此付出了高昂的学费。而中国高铁的成功,就在于遵循了"以我为主、博采众长、融合提炼、自成一家"这四句"金玉良言",走出了一条科学的、可持续的良性发展之路。

首先,在核心技术上坚持攻关。譬如,转向架是高速动车组的行走装置,相当于汽车的底盘和车轮,发挥着导向、承载、减振、牵引、制动等作用。早在"八五"期间,西南交通大学与大同机车厂共同完成了"250公里/小时高速轮对空心轴转向架"的研制,并在西南交通大学的滚动振动试验台上进行了动力学综合试验和优化,使转向架动力学性能达到优秀。2000年,该转向架在"蓝箭号"上装车,又继续进行了17种方案的优化,达到性能优秀,并投入运用。正是有多年的沉淀和积累,才能在引进的基础上,很快制造出自主化的时速250公里和350公里的高速列车转向架。

"蓝箭号"

其次,高速列车的头部设计涉及一门新学科——列车空气动力学。为设计最合理的列车头部,设计人员在亚洲最大的风洞进行了多次试验,对50种列车头部形状进行了研究、分析和比较。

在高速列车轻量化上,对铝合金车体的受力状况及结构设计、车体的焊接工艺、防腐及涂装等技术,都取得了一系列成果。

只要功夫深,铁杵磨成针。经过广大科技人员锲而不舍的努力,我国在21世纪初已先后研制出"先锋号""中华之星"等高速动车组。"先锋号"动车组为国内首列交流传动动力分散式列车,被列为"九五"国家重点科技攻关项目,由南京浦镇车辆厂负责研制,列车最高运营速度可达200公里/小时。

"先锋号"动车

"中华之星"是由我国自行设计,拥有自主知识产权的高速电力动车组,采用交流传动系统、动力集中型电动车组;设计最高运营速度为270公里/小时。2002年11月27日,"中华之星"在中国第一条快速客运专线——秦沈客运专线上创造了当时"中国铁路第一速":321.5公里/小时。

通过上述攻关,建立了完整的人才队伍,包括设计、制造、检验、试验;掌握了核心技术,为交流传动牵引系统、制动系统、高速齿轮箱、铝合金车体等部件的产业化奠定了基础;建立了一整套试验检测装备,检测技术达到了世界先进水平。

正是具有了这样坚实的基础,当中国高铁为了加速发展、赶超世界先进水平而开展大规模技术引进时,已不是从零起步。这与完全依赖于国外技术的"拿来主义",有着根本的不同。确实,通过技术引进,能促使本土制造企业的制造能力、水平和质量控制有新的飞跃，对技术和标准有更全面的了解，高速列车的研发能力和水平得到了提高。然而，引进后的消化、吸收和创新，更为重要。具有高度责任感的中国铁路人清醒地认识到：没有自主创新，我们就只能永远拾人牙慧，受制于人。

譬如，2010年前后，部分关键技术和系统仍由外方控制，特别是列车网络系统、牵引系统、制动系统等核心技术还掌握在外方手里。其次是引进高速动车组技术分别来自不同的国家，技术平台就有4个、型号有20多种，技术平台和标准体系不统一。对于动车组的发展，更缺少完整的顶层设计。而随着我国铁路路网的发展、运量的提高，迫切需要对未来中国铁路的动车组总量、速度等级、动力配置方式、编组形式等进行统筹分析，来指导我国未来动车组装备的发展。

正是出于这样的考虑，具有战略眼光的中国高铁决策者立即提出了研制具有中国自主知识产权的标准动车组这一新的目标。显然，这是落实国家创新驱动发展战略的具体行动，是铁路现代化的内在需求，是确保我国移动装备技术创新能力和产品水平保持世界先进水平、立足世界先进行列的重要举措。

中国标准动车组的研制目标是：自主知识产权、互联互通、掌握核心技术、经济安全。其中几大关键技术，动车组总成、车体、转向架、制动系统、牵引控制、受电弓、空调装置等，都必须具有自主知识产权。

2014年9月，中国铁路总公司对时速350公里的中国标准动车组设计方案组织了评审，分别对动车组的总体设计方案和相关技术方案进行了专题评审。2015年6月30日，两列中国标准动车组下线，在铁道科学研究院环形铁道进行调试和综合试验；10月22日，在太原—原平完成型式试验和应用考核；2016年7月在郑徐线完成时速420公里会车试验。很快，这一被命名为"复兴号"的中国标准动车组正式投入运营，奔驰在中国广袤的大地上，让人眼睛一亮，举世瞩目。

高铁经济

"复兴号"列车

  通过中国标准动车组的研发,创立了我国动车组持续创新的技术平台,从设计制造、试验验证到运用维护;形成了我国动车组的标准体系;拥有高速列车的知识产权;培养出世界一流的创新团队,确保我国高速列车技术水平持续处在世界先进行列。

  现在,"复兴号"正在成为我国高速动车组的主力军,行驶在纵横交错的高铁线路上。"复兴号"的成功告诉我们:引进不能代替自主开发,在先进制造业领域,绝没有"恩赐"这个词。中国高铁走到今天,产品、技术、品牌是自己的,市场也是自己的,而且不止是中国市场,还包括海外市场,在全球高铁领域成功地演绎了"青胜于蓝"的经典案例。正如习近平总书记在2018年中国科学院第十九次院士大会、中国工程院第十四次院士大会上所说的:"高速列车迈出从追赶到领跑的关键一步"。

二、巧夺天工的奇迹

与机车制造的创新之路不同,在轨道、桥梁、隧道、路基等基础工程设施建设上,高铁建设者们充分发挥了长期以来在工程施工中所积累的丰富经验,从自己的国情出发,有所创造、有所突破,依靠自己的聪明才智,创造了一系列世界级的奇迹。

中国不仅地域广阔,而且地形复杂。"八纵八横"的高铁跨过了无数大江大河,穿越了群山峻岭。其所经之处,有茫茫

大胜关长江大桥

沙漠、有冻土雪原、有热带雨林，环境和地质条件之复杂，宛如游走于一座座庞大的地质博物馆，为世界高铁建设史上所罕见。

京沪高铁和沪汉蓉高铁都需要在南京段跨越长江。当年，南京建成我国首座长江大桥，如今就在这座大桥上游20公里处，一座天蓝色的巨型大桥——大胜关长江大桥巍然屹立于宽阔的江面上，几乎每隔5分钟就有高速列车从桥上呼啸而过。这座京沪高速铁路和沪汉蓉高铁共同的越江通道具有体量大、跨度大、荷载大、速度高"三大一高"的显著特点，创造了四项"世界第一"：首先，大胜关大桥同时搭载6条线路：4条铁路线、2条地铁线，列车设计最高速度达300公里/小时，是世界上允许列车通过速度最快的铁路桥；其次，大胜关桥允许6列列车同时过江，是世界上桥面载重最大的桥梁，因此桥梁建设所使用桥墩支座荷载就高达1.8万吨；再者，大胜关大桥桥型为六跨连续钢桁拱桥，两个主跨各336米，跨度在目前国际上同级别铁路桥梁中最大；最后，大胜关在江中施工水域深51米，深度在世界同类桥梁施工中居首位。2012年在第29届国际桥梁大会上该桥被授予国际桥梁界的最高奖：乔治·理查德森大奖。

大桥施工从一开始就遇到了很多世界级难题。建设者坚持科技创新，大胆实践，采用了大量新材料、新结构、新设备、新工艺。2009年9月28日，大桥的最后一根杆件迅速吊装安装到位，自动电焊机在最后一块桥面板合龙口迅速完成焊接施工，至此大桥顺利实现合龙。现场的铁道专家表示，南京大胜关长江大桥的建设，代表了中国当前桥梁建造的最高水平，标志着中国桥梁建造技术已经跻身于世界领先行列。

从国际桥梁建设的发展历程看，在20世纪前半叶，欧美国家比较领先；20世纪后半叶，日本技术比较先进；21世纪则轮到中国。为何有这种转变？主要原因在于经济发展需求促进了交通发展。20世纪，美日以及欧洲国家经济飞速发展，人

沪昆高铁北盘江大桥　罗春晓　摄

员流动大，交通需求高。21世纪，中国成为世界第二大经济体，桥梁、高铁建设随之快速发展。中国广袤的地域和复杂的自然环境，决定了对各种大型桥梁建设的需求，再加上我们国家正在向城镇化、工业化以及后工业化时代转变，交通和人流物流运输需求巨大，造就了近三十多年来中国桥梁发展的"黄金机遇期"，修建了各类在全球排名靠前的顶级大桥。

目前，就建桥水平来说，中国已是"引领者"，世界上凡有一定难度、创纪录的桥梁，大部分由中国建造。桥梁高度和跨度是衡量一座桥梁建设的关键技术所在。桥梁跨度越大，要求建设桥梁的材料越轻、强度越高、耐久性越强；桥梁的高度越高，对施工的材料运输、构件吊装、施工人员安全等要求就越大。如沪昆高铁北盘江大桥，桥面距江面高约 300 米，全长 721.25 米，其中主桥 445 米的跨度为目前世界同类型铁路拱桥中最大。这类大桥的建成，标志着中国在建设高难度大桥方面

高铁经济

秦岭

达到了世界领先水平。

英国广播公司曾报道：过去几十年来，中国一直在偏远地区以各种方式建设大交通。世界最高的十大桥梁中，有八座位于中国。这些大桥横跨峡谷、飞越河流，创造了世界桥梁史上的新纪录。几百年来，云贵高原崇山峻岭间的村落，都处于与世隔绝的状态。峻峭而壮观的地貌，使得地区间的交流和交通都困难重重。如今，这一切即将发生变化。

同时，中国也已是世界上隧道及地下工程建设规模最大、数量最多、地质条件和结构形式最复杂、修建技术发展速度最快的国家，并逐步形成具有中国特色的隧道修建方法和技术体系。如秦岭天华山隧道，位于陕西省宁陕县境内，全长约15.958公里，最大埋深超过1公里，是西成高铁隧道群中最长一条，使"一线穿南北，蜀道变通途"成为现实。位于重庆市巫山县境内的郑万铁路"小三峡隧道"，全长18.954公里，是目前亚洲最长的单洞双线高铁隧道，也是迄今为止世界上施工难度最大、风险最高的高铁隧道。位于贵州关岭布依族苗族自治县境内的沪昆高铁贵州段大独山隧道，被专家认定为目前国内最典型的喀斯特复杂地质特长高铁隧道。隧道穿越断层7

处,下穿地下暗河1处。建设过程中,共揭示溶洞、溶腔44个,其中最大溶腔体积达33万立方米。隧道单日最大涌水量17.7万立方米。地质条件之复杂、施工难度之大,也为国内外高铁建设所罕见。

从跨越大江大河到穿越山谷溶洞,从有砟轨道到无砟轨道,从有缝钢轨到无缝钢轨,从追求建设完美到兼顾生态及文物保护……中国的高铁建设者面对如此复杂的设计挑战,以"鬼斧神工"之举,创造了一系列举世惊叹的奇迹,推动中国在这一领域占据世界领先地位,使中国成为当之无愧的高铁建设强国。

三、"工匠精神"的彰显

中国高铁的发展,不仅需要胆略、勇气和创造性,还需要可贵的工匠精神。面对着建设中的诸多困难,正是高铁人发挥了精益求精的工匠精神,才保证了任务的出色完成。工匠精神是创造无数工程奇迹的基本条件,是中国高铁跨越式发展的扎实基础。

工匠精神要求以极致的态度对待所承担的工作和任务,是一种高度负责、精益求精、精雕细琢、不断追求完美的态度和作风,并体现出一种高超的智慧和审美理念。

工匠们在不断雕琢自己的产品,不断改善制造工艺的过程中,享受着产品在双手中升华的乐趣。工匠精神就是追求卓越的创造精神、精益求精的品质精神、敢于担当的责任意识。享有盛誉的瑞士手表和德国汽车,之所以名扬世界且经久不衰,就是因为其在精准、精致的工艺中注入了细致入微的工匠精神。其实,勤劳、智慧的华夏民族从来不缺乏"工匠基因"。参观过北京故宫博物院的人,都会对那些"国宝"级的文物,包括陶瓷、青铜器、雕刻等的制作之精致、精巧留下深刻印象,这种令人叹绝的工艺传统,就体现了可贵的工匠

高铁经济

北京故宫博物院

精神。工匠精神在中国已成为一种优良的文化传统,自古就有"匠心独运""匠心独出""匠心独妙"等说,以"匠心"来形容构思行事的专注、认真、精心和灵巧。著名的鲁班就是最具匠心精神的工匠鼻祖。然而,当今社会的心浮气躁,使工匠精神日见式微。目前某些制造业之所以一直在"低端"徘徊不前,缺乏认真、严谨、细致的工匠精神,是一个重要原因。在中国经济进入新常态的今天,我们迫切需要精雕细琢的工匠之心,需要脚踏实地的工匠之风。如今,这种精益求精的"工匠精神",在中国高铁建设中得到了继承和发扬。从线路建设到车辆制造,从行驶运营到检修养护,铁路人将严谨、耐心、专业、敬业的优秀品质投入到每一个工作环节中,为各行各业树立了"大国工匠"的优秀榜样。

> 第五章　高铁对中国制造业的启迪

高铁建设者的工匠精神，体现在以下五个方面：

1. 精益求精。注重细节，追求完美和极致，不惜花费时间精力，孜孜不倦，反复改进产品，把 99% 提高到 99.99%。

2. 严谨，一丝不苟。不投机取巧，必须确保每个部件的质量，对产品采取严格的检测标准，不达要求绝不轻易交货。

3. 耐心，专注，坚持。不断提升产品和服务，因为真正的工匠在专业领域上绝对不会停止追求进步，无论是使用的材料、设计还是生产流程，都不断追求完善、完美。

4. 专业，敬业。工匠精神的目标是打造本行业最优质的产品、其他同行无法匹敌的卓越产品。

郑州火车站"双鼎相连"造型

5. 淡泊名利。用心做一件事情，这种行为来自内心的热爱，源于灵魂的本真，不图名不为利，只是单纯地要把一件事情做到极致和极美。

网上曾有这样一段视频：一位外国旅客乘坐中国高铁时，把一枚硬币竖立在飞速行驶的车厢窗台上，竟然 8 分钟没有倒下来。中国高铁的平稳行驶折射出了中国高铁工匠们崇尚精益求精的执着追求。他们把手中的一件件产品都当作是精品、艺术品，他们代表的是行业的最高水准，体现的是新一代铁路工人追求卓越的坚强韧劲、敢啃硬骨头的狠劲和钻劲。

工匠精神还体现在对美的追求，这在高铁车站的设计和建造中得到了充分展示。中国目前已建成的 1 000 余座高铁车站中，可以说座座富有个性和特色，建造更是精雕细刻，成为镶嵌于所在城市的灿烂明珠。如郑州车站的正面造型如双鼎相

齿轮箱实物剖面

莲鹤方壶

连，建筑细部和室内设计运用了"莲鹤方壶"的纹饰，体现了"青铜器"的文化底蕴，展示了中原文化的特征；合肥南站饱含徽派建筑的风格特征，细腻的徽派建筑传统石雕纹样、点缀了"马头墙"符号的进站单元，让旅客恍惚游离于徽州传统老街。

为了保证大空间、高客流的车站运营安全，高铁车站还启用了对重要结构构件的实时跟踪监测，以传感器采集重要结构、构件在温度、风速、震动等自然条件或灾害情况下的各种变形状况，评估预测风险，防范安全隐患。正是这种细致入微的匠心精神，使一座座高铁车站成为城市的新亮点。

四、"中国制造"的"复兴号"

李克强总理在 2015 年政府工作报告中，提出中国制造要坚持创新驱动、智能转型、强化基础、绿色发展，加快从制造业大国向制造业强国发展。

历史上，中国曾经是制造业的第一大国；然而进入近代以来，中国制造业水平已渐显落后，直到 2010 年，中国再次成为世界制造业大国。目前，中国有 200 多种工业产品的产量和出口量都居世界第一，其中有数十种产品的出口占到全世界出口总量的 70% 以上。制造业作为国民经济的重要支柱和基础，是国力强盛的重要标志。但必须看到，目前中国的制造业无论在创新能力、质量水平和品牌影响上，仍处于世界低端水平。"建设制造强国"的提出，既是对中国制造业的鞭策，更是应对全球新一轮科技革命和产业变革所需。金融危机后，各国对制造业的发展都出现了一些新的动向，美国提出了《先进制造业国家战略计划》、德国制定了《"工业 4.0"战略》，这表明制造业的回归已成为世界大势。中国的制造业必须审时度势，应对全球制造业振兴的挑战，提升自己的综合国力和核心竞争力。

在中国制造业发展纲要中，将先进轨道交通装备列入了十个重点发展领域。而中国高铁的发展，确实不负众望。目前，高铁已成为中国制造业的一个强项和示范样板，给中国制造业的发展带来了有益的启示：

1. 目光长远才能树立品牌。中国的铁路建设和发展，从多次的提速到高铁的研制，一直有着长远的目标。当初在提出"四纵四横"客运专线规划的时候，正是看到了高铁发展的远大前景，国家毅然加大了对高铁的投入。今天的高铁，已然成为中国战略发展的重要成分，大大拉动了区域经济发展，并逐渐成为人们出行的首选。事实证明，一个行业要真正强大，必须要有长远的目光，不囿于眼前的利益得失。"中国制造"需要有一个长远的规划和顶层的设计，不思长远发展，永远不会有屹立世界巅峰的那一天。

2. 专注创新才能不断强大。中国高铁坚持"原始创新、集成创新、引进消化吸收再创新"的发展思路，攻克了一系列核心技术，成功研制了时速 350 公里的"复兴号"高速动车组。应该看到，以市场换取技术的时代已经过去了。如果当初只是一味地引进使用外国技术，那么，就不可能有"高铁走出国门"的今天，更不可能有李克强总理"推销中国高铁我特别有底气"这自信十足的话语。这对目前某些行业领域的企业，仍幻想着继续躺在外国品牌上"做大做强"，不去专注研发自主创新的核心技术、创建自主品牌，更是极大的鞭策。

3. 高度重视标准化战略。标准是影响制造业市场竞争力的必要条件。对于高技术而言，标准更是竞争的制高点，谁制定的标准为世界所认同，谁就能赢得市场。中国高铁在发展的历程中，十分重视标准化战略。从当初的引进、消化、吸收，到自主创新，标准化战略一直是发展的重点。"复兴号"的诞生，就标志着中国高铁在标准化战略上获得了令人鼓舞的成就。"复兴号"整体设计以及各个子系统的关键技术，不仅都是中国自主研发，具有自主知识产权，而且大量采用中国国家标准、行业标准、中国铁路总公司企业标准等技术标准,在254项重要标准中,中国标准占84%,实现了以中国标准为主导。中国标准动车组整体设计以及车体、转向架、牵引、制动、网络等关键技术都是我国自主研发,具有自主知识产权。这样的产品,才是真正的中国制造,才是从引进模仿、消化吸收走向了中国创造。这样的领先,才是真正的领先。这样的产品走出去,才不会遇到国际竞争对手的专利壁垒。高铁的成功,给中国制造业带来了巨大的信心。从中国与日本、法国、德国等高铁强国的企业签约,共同进行高铁列车的制造,到我们拿出以中国标准为主导,拥有自主知识产权的"复兴号",这是中国铁路行业的一次伟大复兴,更是中国制造的一次伟大复兴。这得益于我们长期的技术积累和选择了一条适合中国国情的创新道路。

目前,我们已拥有完整的高铁创新体系,全面掌握了在各种复杂地质、地形及气候环境下修建高速铁路的成套技术。五年来建成了京广高铁、沪昆高铁、西成高铁等一批具有世界领先水平的标志性工程,建设了上海虹桥、昆明南、贵阳北、成都东等能与各种交通方式无缝衔接的现代化客运枢纽,实现了我国铁路客站建设史上的重大突破。通过自主创新,我们已在核心技术、成套建造、产业制造、运维服务、人才支撑五大方面拥有较大优势,总体技术水平迈入世界先进行列,为中国"高端智造"注入了含金量。

4. 打造世界一流的智能化企业。作为高铁制造的领头企业——中国中车,转型升级之路就是智能化、绿色化、服务化,依托"互联网+"行动计划,实现技术创新、管理创新、商业模式创新全面转型升级。

2013年,德国政府为提高其工业竞争力,提出以智能制造为主导的"工业4.0"战略。中国也将高端装备制造业实现智能化列为重要目标。"中车"制定了"智能制造2025"蓝图规划,让信息化成为驱动企业技术创新、管理创新、商业模式

创新的核心要素，打造世界一流的智能化企业。

"中车"认为，智能制造必然以信息化为基础。早在智能制造上升为国家战略前，中国中车已悄然在内部开展信息化工作。如今，在不少基地和工厂，智能制造已初见雏形。在"中车"位于株洲的一处新能源客车智能化工厂的电泳车间里，一辆电动汽车的主体框架经吊装运往其中，半个小时不到，整车的底漆就涂装完毕，其间，不见任何一名工作人员参与；在总装车间，装配工人在技术操作过程中遇到难题，打开生产线边上的MES管理系统，将问题输入后10分钟不到，负责技术的工程师便传来了解决方案。

在中车，智能制造不只是一个车间的自动化生产，或者说车间里一两个机器人作业，而是一个包括产品智能化、装备智能化、生产智能化、管理智能化、服务智能化在内的完整体系。一系列产品的研发生产都围绕着智能、绿色、高效，让产品变得更为"智慧"。

目前，中国的高铁就像美国的波音飞机、欧洲的空中客车一样，成为我国高端装备制造业的代表。世界银行近期发布的一份题为《中国高速铁路：建设成本分析》的报告称，中国的高铁建设成本大约为其他国家的三分之二，而票价仅为其他国家的四分之一到五分之一。该报告称，中国之所以具有较低的单位成本，原因不仅在于劳动力成本较低，而且由于相关施工单位在机械化施工及制造过程中开发了很多具有竞争优势的本地资源（土建工程、桥梁、隧道、动车组等），因此大大降低了单位成本。十几年前，高铁技术还掌握在少数几个发达国家手中。中国冲破技术封锁，弯道超车，后来居上，靠的就是自主创新。从车辆到线路，从制动到通信信号，一步一个台阶，中国高铁企业苦练内功、厚积薄发，实现了高铁产业腾飞的梦想。据《中国国家形象全球调查报告（2016—2017）》显示，海外认知度最高的中国科技成就中，高铁以30%～40%的认可度高居第一，成为科技创新的国家形象。

> 第五章 高铁对中国制造业的启迪

动车组车轮

上海铁路控制室

117

五、高铁的"乘数效应"

四通八达的高铁网络不仅实现了交通效率和质量的提升，更给全国的工业、农业、服务业带来了巨大的促进作用，形成了高铁的"乘数效应"。

"乘数效应"是一种宏观的经济效应，是指经济活动中某一变量的增减所引起的经济总量变化的连锁反应。它通过产业关联和区域关联，对相关产业和周围地区的经济发展发生引领、带动作用。而产业关联度高，是战略性产业的重要特征。美国经济学家华尔特·惠特曼·罗斯托认为：应选择扩散效应最大的产业或产业群作为一国的战略性主导产业，重点扶持，加速发展，从而带动其他产业发展和社会进步，被称为"罗斯托准则"，又称"主导产业扩散效应最大准则"，强调支柱产业对经济和社会发展的影响。德国经济学家阿尔伯特·赫希曼认为，战略性产业必须关联度高，有较强的前向、后向和旁侧关联效应，能够向各方向渗透，带动相关产业和地区经济的发展，称为"赫希曼标准"。显然，高铁就是一项具有较强连锁效应的战略性产业。

高铁有着超长的产业链，能带动与高铁直接相关的上下游产业全面升级。首先，高铁建设为钢材、水泥等传统产业提供了前所未有的市场机会。据测算，高铁线路每亿元的投资，平均消耗 0.333 万吨钢材、2 万吨水泥、3.11 万吨沙土、5.16 万立方米石头和 0.085 亿元设备，还需 22.86 万工时，对相关产业拉动效益在 10 亿元以上。

高铁动车组的制造，涉及车身、转向架、牵引系统、齿轮箱、制动系统、电气控制、信号设备、空调装置、门窗、座椅等许多部件的生产，拉动了冶金、机械、信息、计算机、精密仪器等产业的快速发展。据统计，我国新一代高速动车组零部件数量达到 10 万多个，独立成子系统的有 260 余个。设计生产这些零部件涉及的核心层企业近100家、紧密层企业500余家，覆盖20多个省市，形成了一条条庞大的高新技术研发制造产业链，一批关键设备制造企业在产业链上迅速成长。

高铁建设是一个庞大的系统性工程。按高铁建设过程中受益的先后时间顺序，可依次分为基础设施建设（包含桥梁、隧道和车站建设、铺轨等）、动车（包括整车、车轴、紧固件、控制器件等零部件）、电气化配置（包括通信信号系统和牵引供电系统的建设）、运营和维护（包括运营调度系统和客户服务系统建设）四大部分。高铁总投资的构成为：基建部分占40%～60%（包含桥梁、隧道和车站建设、铺轨等）；动车采购占10%～15%（包括整车、车轴、紧固件、控制器件等零部件）；其余部分占比为25%～40%（包括通信、信号及信息工程、电力及电力牵引供电等）。

以京沪高铁的建设为例，每天投资达到1.9亿元，每天消耗1万吨钢筋、3.5万吨水泥、11万立方米混凝土，带动了沿线地区与高速铁路建设相配套的多个行业发展。高铁建设还带动了就业市场的发展。总投资2 209.4亿元的京沪高铁就创造了众多的就业机会，促进了沿线地区经济的发展。

同时，一批传统产业因为高铁标准而走向绿色和高端，一批高科技产业因为高铁标准而走向世界领先地位。高铁装备的高标准，有力地推动了传统工业基础工艺、基础材料研发、系统集成能力，以及制造水平的全面提升，带动了整个轨道制造业的升级。

高铁项目作为大系统工程，在施工建设过程中，会大量使用工程机械设备，产生多品种全方位的产品需求。国产工程机械设备在国内高铁建设中、在实践演练中做了很多适应性的改进，技术和服务方面非常成熟。因此，随着高铁建设在国际市场的拓展，工程机械行业将有所作为。未来，这些迈步高端的相关产业将搭上高铁的快车，"走出去"角逐世界速度，站上全球的创新制高点。目前，中国已成为拥有世界先进的高铁集

成技术、施工技术、装备制造技术和运营管理技术的国家。有分析认为，高铁之于中国，如同19世纪末铁路对于美国的意义，把中国从过去的出口导向发展模式带向内生发展模式。

高铁的"乘数效应"不仅体现在对相关产业的引领和带动，还体现在它影响到更广泛的社会、经济领域，产生一系列的"高铁＋"现象，譬如前几章所述的"高铁＋新城""高铁＋旅游"，以及"高铁＋互联网"等等。众所周知，互联网的发展已渗透到各个领域，产生了一系列的"互联网＋"现象；而高铁网与互联网的结合，将形成"双网融合"的叠加效应，塑造一种数字形态与物理形态融合的、崭新的经济结构，它所能释放的经济潜能将超出我们目前的认知范围。就像我们以前没有看到"互联网＋"能够在传统的经济业态掀起如此巨大的波澜一样，高铁网和互联网的融合、数字化的虚拟平台和覆盖全国高铁网这一物质平台的共建，将对中国经济、社会产生更为深刻的影响，令我们产生足够大的想象空间。

第六章

高铁引领绿色经济

一、为了大地的绿色

二、高速旅行的"低熵时代"

三、环境友好型运输方式

四、出行安全的最佳选择

五、"绿色铁路"协奏曲

今天,高铁已成为中国发展绿色经济的领跑者。作为新颖的绿色运输方式,高铁对节约自然资源成本、保护生态环境、建设绿色中国,具有重要而深远的意义。

一、为了大地的绿色

绿色，曾是中国铁路的标志。绿皮车厢、绿色信号旗……绿色，蕴含了几代中国铁路人的传统情结。今天，高铁更成为中国发展绿色经济的引领者。作为新颖的绿色运输方式，高铁对节约自然资源成本、保护生态环境、建设绿色中国，具有重要而深远的意义。

中国虽地大物博，但囿于地理条件的局限和人口的众多，土地资源仍显得十分紧缺。土地被称之为"财富之母"。有了土地，才有绿色的生命、才有葱郁的世界。土地是生命之根、是国家之本。尤其在人口密集、经济发达的地区，土地资源更

绿皮车与"和谐号"列车

武广高铁桥

显珍贵。随着铁路建设加快推进，铁路征用和临时占用土地的数量将不断增加，更需要加强国土观念，把节约、集约用地意识贯穿到工程设计、施工、建设全过程，以不占或少占耕地特别是基本农田为原则，以国家和地方划定的耕地红线为控制因素，努力建设节地型铁路。

京沪高铁通车后，现在从北京到上海只需4个多小时，极大地方便了旅客出行。然而，京沪高铁全程1 318公里中，有86.5%是从桥梁上经过的。这种"以桥代路"的方式，是铁路部门强化节约和集约用地意识、更新铁路设计理念的直接体现。

"以桥代路"，不仅提高了列车行驶的平稳性、安全性，而且大大减少了对土地的占用。高铁桥梁占地为一般路基占地的40%，且桥下土地大多可以再利用。传统的铁路宽度，包括排水沟，双线需40米宽，而高铁桥梁占地的宽度不足20米，减少了近一半用地。据估算，与采用传统的路基相比，"以桥代路"每公里可节省土地约2万平方米（合30亩）。京沪高铁长1 318公里，全线桥梁总长约1 140公里，相当于节省了约20平方公里土地。京沪沿线是我国的富庶之地，连接的环渤海和长三角是我国经济发展最为活跃和最具潜力的地区，也是土质较好、用地最紧张的地区，可以说是寸土寸金。"以桥代路"虽然提高了造价，但减少了征地的成本，而且保护了宝贵的国土资源。目前，我国高铁总里程已达2.5万公里，由于大比例地采用了"以桥代路"的方案，其对保护国土资源的长远意义，更是无可限量。

高铁桥墩

高铁经济

高铁与其他几种运输方式相比,在节约土地上也有重大贡献。根据外国数据统计,与高速公路相比,运送相等数量的旅客,高铁所需基础设施占地面积仅是公路所需面积的25%。法国TGV高铁宽度在14米左右,而高速公路的宽度是28米(四车道)至35米(六车道)。一条高铁线路所占用的土地面积相当于一条双向四车道高速公路占地面积的一半。全欧铁路用地占欧洲总面积的0.03%,而公路用地面积却占到1.3%,为铁路用地的43.3倍。可见高铁的发展对于土地资源的节省有着重要意义。与航空相比,飞机在空中飞行,航线虽然不占用土地,但机场却要占用大量土地,如巴黎附近的戴高乐机场总面积达32.38平方公里,几乎是巴黎市区面积的三分之一。目前,我国已有近200座机场,所用土地面积也相当可观;而高铁的发展,在增加了快速运输能力的同时,也将有利于土地的节约利用、综合利用和合理利用。

在高铁建设过程中,已将集约用地理念融入铁路设计中。在线路走向上,尽量并行既有铁路、公路、电力等通道,减少对城市的分割和干扰,并尽量避开成片占用基本农田的区域。在线路平纵断面设计上,尽量减少高填、深挖和长路堑等产生大量土方的工程,努力做到填挖平衡。在隧道设计上,按照早进洞、晚出洞的原则,避免大量开挖,在减少占地的同时,减轻对山地的破坏。在功能布局上,尽可能将车站及其他生产单位集中布置,避免分散布置形成夹心地,造成土地浪费;对编组站车场采取紧凑布局,减少车场间距,并在不可避免的夹心地带布置房屋等设施;充分利用到达线、检车线等,高架布设生产生活设施,提高用地强度;加大对既有铁路场站用地的利用力度,尽量在既有车站接轨,减少新增用地。

在施工时尽量使用荒地,不断优化工程施工方案,力求在建设施工过程中少占土地。近年来,铁路部门还积极探索土地综合利用的有效途径,提高土地利用效率。在地方政府的支持下,铁路部门结合铁路新线建设和旧站改造,对车站及周边用地进行统筹规划，在满足车站功能需求的前提下，提高土地综合利用效率。铁路部门对铁路部分既有车站、货场及职工生活用地等进行整合，将部分生产生活设施向城外迁移，对腾出的土地由铁路和地方政府进行合理利用；加强对铁路既有用地的调查、梳理和分析，对部分桥下土地、空置土地等，加大综合利用力度，提高土地资源利用效能。

同时，铁路部门大力开展土地复垦工作。铁路建设临时占地，除结合地方水利、道路及水产养殖等设施外，按照"谁占用，谁复垦"的原则复耕还农。在土地复垦中，铁路部门充分利用表土资源，在路基施工场地整平、清除耕植土、开挖取土坑及沿线水塘清淤初始阶段，将表层耕植土与水塘淤泥土剥离出来，用作未利用地、废弃地的复垦，或暂时堆放在临时用地，用于工程建设后的临时用地复耕。

记得著名诗人艾青曾留下这样脍炙人口的诗句："为什么我的眼里常含泪水？因为我对这土地爱得深沉。"中国的高铁建设者正是把这份对土地的深沉挚爱，融入一张张建设的蓝图、一个个施工的方案之中，使得巨大的高铁网纵横交叉于中国的大地时，让一片片土地继续保持了葱郁的色彩。今天，当一列列银色高铁列车从高架桥上疾驶而过时，与桥下绿色的田野交相辉映，为绿水青山的大地更增添了一幅幅美景。

二、高速旅行的"低熵时代"

节能减排是人类的共同责任。为此，世界各国都把调整能耗结构，尤其是提高电能在能耗结构中的比重。作为节能减排的有效手段，一些发达国家从 21 世纪初就开始着手调整交通运输的能耗结构，推出了"以电代油"等一系列战略举措，包括发展电动汽车和电力牵引的铁路。同样，优化能耗结构也是我国节能减排的关键任务。

"十二五"期间，我国能源结构调整已经得到优化；

高铁经济

铁路牵引供电系统

"十三五"期间,全国能源消耗年均增量又较"十二五"低1.1个百分点;煤炭消费比重则要降到58%以下。而高铁实现了"以电代油",降低了对石油的依赖,推动了铁路行业能耗结构的优化。尽管发电也要燃煤或油,但发电厂的能量利用效率,比直接用煤或油做机车动力要高得多;还可以促进其他清洁能源的利用,如水力发电、太阳能发电,进一步优化能耗结构。

高速铁路全部使用电力牵引,使得我国铁路电气化率有了大幅度的提升。2009年,铁路运营里程中电气化率已超过40%,达到了41.7%,比上一年度攀升了7.1%。2010年铁路电气化率进一步攀升至46.6%。预计至2020年,铁路电气化率至少要达到70%。电气化率的提高,极大地带动了铁路能耗结构的优化。据有关统计数据，2006年电耗第一次超过油耗，成为铁路第一大能耗。2010年电耗所占比例进一步提升至63.9%，而原煤和燃油消耗则呈下降趋势。根据统计，"十一五"期末，铁路行业成品油消耗量比"十五"期末下降了90万吨。"十二五"期间，由于铁路电气化率的提升，铁路行业实现"以电代油"，取得了更好的效果。

能耗结构的变化，提升了铁路行业的节能减排效应。据日本的研究资料显示，如果以每个旅客消耗1单位燃料所能行驶的里程来比较，高速铁路为1.0，公路为0.62，航空为0.26。法国和德国的研究表明，以每人/公里为单位换算能耗，公路是铁路的1.8～2.4倍。参照日本新干线及法国TGV和国内有关资料，按每人/公里标准能耗计算，各种运输方式的能耗为：内燃机车牵引铁路为2.86，电力牵引铁路为1.93，高速铁路为2.73，高速公路为22.05，飞机为44.1。因此，高速铁路

北京南站的玻璃穹顶

天津火车站

的能耗大大低于汽车和飞机。CRH380高速动车组在京沪线先导段试验时，以时速350公里持续运行的实测单位能耗（人均百公里能耗）为4.39～4.75 kW·h（千瓦时）。试验表明，一列"复兴号"CR400AF列车从北京到上海，以时速350公里直达模式运行的总能耗约为2.5万 kW·h，又比CRH380A节能10%以上。

高速铁路的站房设计由于采用了新技术，也实现了节能环保。比如，已建成并投入使用的北京南站、天津站均设计了超大面积的玻璃穹顶，在各层地面还做了透光处理，充分利用自然光照明。北京南站还采用了太阳能光伏发电技术，充分利用了太阳能。按照《中长期铁路网规划》，高速铁路将拉动沿线一大批新客站建设，节能技术的采用对整个铁路行业的节能降耗将产生积极的影响。

高速铁路的快速发展有力地提升了我国铁路的整体节能效

应，使铁路综合能耗呈递减趋势。2011年国家铁路能源消耗折算标准煤1 772.5万吨，比上年增加35.2万吨、增长2.0%。单位运输工作量综合能耗4.76吨标准煤/百万换算吨公里，比上年减少0.25吨标准煤/百万换算吨公里、降低5.0%。单位运输工作量主营综合能耗3.90吨标准煤/百万换算吨公里，比上年减少0.22吨标准煤/百万换算吨公里、降低5.3%。

节能带来了低排放。高铁相较于汽车、飞机、轮船等其他交通工具，具有明显的低碳排放特性。有关数据显示，以跨境巴士方式在高铁香港段行驶，会比通过高铁行驶每年增加4 700吨二氧化碳排放。如果以每位乘客每公里的碳排放量计算，高铁的碳排放量只是飞机和汽车的15%～25%，可大大降低对环境的影响。综合国内外的研究成果，各种运输工具中，对大气污染最严重的是汽车。汽车排放的主要污染物是二氧化碳、碳氢化合物、氮氧化合物和铅微粒，这些物质对人类和生物造成了严重危害。据有关资料显示，美国每年汽车排放到大气中的污染物质约占各种污染源排放量的60%。目前，我国空气中细颗粒物（$PM_{2.5}$）居高不下，雾霾已成严重公害，汽车尾气是重要的祸源。

高速铁路由于使用电力牵引，因此沿途无粉尘、煤烟等废弃物污染，对大气不会造成污染，沿线基本不会排放有害气体。有研究表明，以伦敦前往巴黎的高铁为例，每名高铁乘客分摊的二氧化碳排放量只是飞机乘客的10%。法国科学家奥莱利亚通过对高铁建设中的碳足迹跟踪检测，得出如下结论：高速铁路每千人/公里的二氧化碳排放量仅为4千克，不到飞机的四分之一。高铁只要运行8年，就能抵消高铁建设中造成的总碳排放量，之后就是"零排放"和"负排放"。

我国在"十三五"期间节能减排的目标：到2020年，每年减少排放二氧化碳14亿吨、二氧化硫1 000万吨、氮氧化合物430万吨、烟尘排放580万吨。我国交通运输碳排放占

全国总碳排放的 7.9%，而高速铁路的快速发展，明显地提升了铁路行业的减排效应。高铁每百人/公里能耗是飞机能耗的 18%。除了二氧化碳排放量减少之外，其他一些污染物的排放量也有了明显减少。从 2008 年以来统计的数据看，国家铁路在化学需氧量和二氧化硫排放量这两项指标值上都呈下降趋势。2011 年国家铁路化学需氧量排放量为 2 195.9 吨，比上年减少排放 83.8 吨，降低 3.7%。二氧化硫排放量为 4.01 万吨，比上年减少排放 0.02 万吨，降低 0.5%。

中国大力发展高铁这种绿色的、清洁的交通运输方式，对于保护地球生态环境、减少"温室效应"，做出了重要贡献。工业革命以来，随着火车、汽车、轮船、飞机的相继问世，人类在推进运输技术不断发展的同时，也加剧了环境污染；几乎每项运输技术的进步，都以损害环境为代价。飞机大大地缩短了人们出行的时空距离，却造成了对大气层的严重污染，每年排放的二氧化碳占全球的 2.5%，到 2050 年将占全球的 15%。为此，欧盟曾提出要对过境飞机征收排放费，虽未能实施，但随着航空业的不断发展，地球大气层确实有不堪重负之忧。而以电力为动力的运输技术，开始改变了这一状况。中国高铁网络的形成，更让人们在享受可与航空媲美的高速旅行的同时，摆脱了导致大气层污染的"负罪感"。可以说，高铁开创了高速旅行的"低熵时代"。

三、环境友好型运输方式

在高铁建设中，铁路部门坚持把生态环境保护放在首位。在项目选线时，尽量避让水源保护区、自然保护区、世界文化和自然遗产地、风景名胜区、地质公园、森林公园、重要湿地和环境敏感点。在工程施工中，严禁在自然保护区核心区、缓冲区、江河、湖泊和水库设置取弃土场，合理设置综合排水系统，避免因铁路建设引起的集中排水造成水土流失。此外，铁

秦岭中的高铁

路部门遵循因地制宜、易于管护的原则，在铁路沿线普遍种植灌木、乔木，稳固边坡，保持水土，改善环境，防御灾害；通过水土保持、绿化等综合措施，使施工过程中被剥离的土壤得到有效保护，被破坏的地貌、植被得到有效恢复；重视野生动物保护，在野生动物主要迁徙通道设置辅助通道，实现人与自然的和谐。

秦岭是我国生物多样性最为丰富的地区之一。作为横穿秦岭的首条高铁——西成高铁，建设期间科研人员和高铁施工方一起奋战，让环境保护和工程建设完美结合，保证了野生动物与高铁和谐相处。

西成高铁要经过天华山国家级自然保护区、汉中朱鹮国家级自然保护区、菜子坪大熊猫走廊带等多个生态敏感地区，如何确保工程建设最大程度上减少对周边野生动物的干扰，是工程建设中必须做好的功课。

宁陕县新场镇菜子坪紧邻佛坪大熊猫自然保护区，是两个不同种群大熊猫的交流通道。大熊猫极有可能从此迁徙而过，

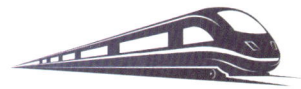

高铁经济

朱鹮

　　为了不让高铁干扰到大熊猫的生活，从 2010 年开始，科研人员在隧道两侧和高架桥上布设了数十台红外相机，全天候监测当地动物的活动轨迹。通过几年的分析，得出结论：在采取了多项环保措施后，周边野生动物的活动频率数量并无明显变化，高铁建设对秦岭生物多样性目前并无大的影响。

　　穿过起伏不定的秦岭山脉，西成高铁进入了广阔的汉中盆地，遇到另一个棘手问题——高铁与朱鹮如何做到互不干扰。如果飞行中的朱鹮撞上高速行驶的高铁列车，朱鹮可能当场毙命，而高铁也可能受损，影响行驶安全。高铁建设的过程中如何保护沿途鸟类，尤其是珍稀鸟类，这在全世界都是一个重大的课题。

　　为了保护朱鹮，建设者设计出一种方案：通过朱鹮保护区时，在长达约 16 公里的高铁两侧均装上特殊的防护网，同时高铁在此地区也以高架桥的形式通过，下方设置宽大的桥洞，让鸟类和动物可以自由通过。那么，用什么颜色的护栏可以让朱鹮提早识别此处有障碍物？护栏要多高才合适？防护网用亚克力板还是金属网？金属网格之间的缝隙应该多大？这些问题，都需要科学的试验和监测来证明。在长达一年多的时间内，科研人员在高架桥和朱鹮飞行经过的野外区域进行了对比实验，分别安置了不同的防护网。同时，他们还对朱鹮的飞行行为进行详尽分析。最终，设计出了朱鹮防护网的形态：护栏用蓝色，方便朱鹮识别；亚克力板可能会导致朱鹮受伤，必须用细密的金属网；网格的大小经过精心设计，朱鹮即便误撞后也不会被卡住，二次起飞能够轻松挣脱。

2016 年，科研人员在雷草沟、胥水河等地安置了大量的防护网。通过安装的红外相机和视频拍摄设备显示，胥水河试验段朱鹮有效飞越次数为 4 615 只（次），雷草沟试验段朱鹮有效飞越次数为 3 926 只（次），都没有发生过一例朱鹮撞上防护网的现象。在高铁建设中针对鸟类保护安装特殊的防护网，在全世界范围内，西成高铁是首创。

高铁是否会产生电磁辐射，这也是人们关心的问题。网上曾流传一些缺乏科学依据的文章，一度引起人们的担忧。其实，高铁的磁场属于非开放磁场，它的感应磁场是封闭的，辐射量很小，不会对人体造成伤害。实际测试调查结果表明，列车运行或停靠站台时电场强度在 0.013 V/m，其中车厢连接处的电场强度在 0.017 V/m 左右，无论是列车的哪一个部位，辐射值都在安全范围内。高铁运行时，使用的电力一般为 25 kV、50 Hz 交流电，属于"极低频电磁辐射"，完全不同于 X 光的电离辐射。因此，网传"坐高铁＝照 X 光"的说法纯属误导。

国际非电离辐射防护委员会规定，高铁产生的磁场辐射的

> 高铁经济

高铁车厢

安全标准为 100 微特斯拉（磁感应强度单位）以下，电场辐射的安全标准为 5 kV/m 以下。北京卫视曾对高铁的磁场辐射进行过现场测试，实验人员用专业仪器在高速行驶的高铁车厢内的不同位置，分 0.3 m、0.9 m 和 1.5 m 三个高度进行测量。以车厢中部测得的数据为例，在三个高度下分别测得 0.1 μT、0.14 μT 和 0.04 μT。车厢其他部位测得的数据也与车厢中部测得的数据接近，无显著差异。

　　中国高铁列车通过车辆的整体设计保证各个部件都做到最小的辐射，达到规定的标准要求，并在型式试验中进行全面检验。"复兴号"在型式试验中达到了最严格的标准要求。北京铁路局的专业人士测量高铁车厢中的电场辐射发现，不同车型的一等车厢、二等车厢、车厢连接处、驾驶室等位置，电场辐射值大多在 0.011～0.021 kV/m 的范围内。比对这些数据不难发现，中国高铁的电磁辐射量要远远低于国际标准，不可能对人体造成伤害。

总之，高铁在进行各项基础设施建设时，充分考虑到其对生态环境的影响，使高速铁路的建设能够满足与环境和谐相处的需要，成为环境友好型的运输方式。

四、出行安全的最佳选择

旅客出行时，安全性和舒适性是我们最为关心的要素。

就舒适性而言，高铁的优越性显而易见。譬如，每一旅客所占有的活动空间，高速铁路比汽车和飞机都大得多，完全可以避免坐长途汽车引起的劳顿和乘坐飞机导致的经济舱综合征。同时，高速列车运行平稳，震动和摆动幅度很小，因而和乘坐汽车或飞机相比，长途旅客可以享受到较高的舒适度。

就安全性而言，高铁具有优于其他交通工具的可靠性。

公路出行的危险系数最高，以美国为例，每年因道路交通事故死亡的人数约 5 万人，现虽有逐年降低趋势，但仍不容小觑；德、法、日每年因道路交通事故死亡的人数也在万人以上，且每年有约 10 万人因伤致残。据国家卫生部发布的《中国伤害预防报告》显示，中国因道路交通事故造成的死亡人数在 2002 年达到 10.9 万余人，居全球首位，并以每 10 年翻一番的速度上升，现已达每年 20 万人。全世界范围内，每年因道路交通事故造成死亡的人数高达 124 万，而铁路因行车事故造成的死亡人数则远远低于公路出行。日本对 20 世纪 70 年代以来所发生的旅客生命财产事故分析表明，公路交通事故的发生数量是铁路交通事故的 1 570 倍。

高速铁路列车由于在全封闭环境中自动化运行，又有一系列完善的安全保障系统，所以其安全程度是任何交通工具都

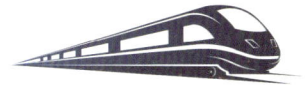

无法比拟的。从运营起至今，日本、法国从未发生过列车颠覆和旅客死亡事故。几个运行高速铁路的国家，一天要发出上千对的高铁列车，即使计入德国发生的事故，高铁的事故率及人员伤亡率也远远低于其他现代交通运输方式。我国自2011年发生7·23甬温线动车列车追尾事故以来，吸取了教训，采取了多种措施，至今保持了高铁动车运行的安全无事故纪录。

过去，飞机的安全性被认为要高于铁路，但高铁的安全性比飞机还高，这主要有以下几个原因：

1. 高铁电动机的稳定安全性高出飞机燃油发动机安全性几个数量级，出现状况可以迅速断电。高铁本身不携带任何燃油和其他燃料，不会有失火爆炸的风险，而飞机如果是其飞行阶段出事，那就是个超级炸弹。另外，飞机发动机至今无法避免被鸟撞击的风险。

2. 高铁有多组对列车状况和车外环境监控的传感器，一旦车内发生紧急情况，如车内着火、车轴温度过高、异常震动等，车外地震、轨道异物等，会使列车自动制动，反应速度远快于列车驾驶员。而飞机一旦在空中出现状况，就需要驾驶员的经验去应对，较容易酿成事故。

3. 高铁轨道是全封闭的，所有路段都有监控器24小时监控轨道变化，任何轨道损坏、地基沉降、洪水、异物阻碍，都会在第一时间被控制室发现，并在数十秒内通知列车停车。而如果飞机在降落过程中，因机场出现问题无法降落，即便飞机可以迅速转飞至备降机场，也是具有很高风险的。

所以高铁安全性要远高于其他长距离交通工具。时速350公里的"复兴号"建立了大量的传感系统，整车检测点达2 500多个。这些传感器能采集1 500多项车辆状态信息，通过车载中央计算机进行处理，时时刻刻对列车走行部安全、车体及部件振动、轴承及电气部件的温度、牵引制动系统状态、车厢环境等进行监测诊断，确保列车安全运行。信息采集精度

> 第六章　高铁引领绿色经济

高,在重要监控点,数据记录精度最高可达到微秒级。此外,"复兴号"列车头车采用了撞击被动安全结构,即增设车体结构的碰撞吸能装置,万一列车发生碰撞,通过有序变形吸收碰撞能量,减少车体端部的变形,为乘务员提供更多的安全保障,等于为列车系上了一根"安全带"。

五、"绿色铁路"协奏曲

全国高铁网的建成,并不意味着传统铁路线从此"寿终正寝"。恰恰相反,铁路系统以此为契机,调整线路格局,实施客货分流,提高了货物运输的能力。至于客运也并非"高"揽天下,针对不同的客源需求和地区的差异,继续保持了普客甚至慢客的运营,快慢相济、客货分流,形成多元化运输格局。

河北鸡鸣驿绿皮火车

高铁经济

显然,这有利于充分利用铁路资源、提高运输效率,体现了"绿色铁路"的理念。

如果不是从电视中看到,很多人可能和我一样,不知道在高铁快速发展的今天,全国仍有81列"慢火车"在各地运行。这些至今仍保持绿色外观的慢火车多行驶在山高路险、交通不便的偏远贫困地区,它们是当地不可或缺的生命线,甚至是沿线民众出行的唯一交通工具。在我国西北、西南和东北地区,村落密度比较高,人口相对密集,慢火车相较于乘坐其他交通工具,既便捷又经济,很多当地人称之为"大山里的地铁"。在成昆铁路四川段,就运行着没有空调、餐车和卧铺的"绿皮车"。这趟列车连接着乐山市、雅安市、凉山彝族自治州、攀枝花市等地,全程设50多个车站,行程近600公里;沿线是四川彝族群众的主要聚居地,也是大凉山集中连片特殊困难地区。这里交通相对落后,公路难通,成昆铁路线就成了当地群众生产生活、出行的生命线。"绿皮车"每一二十分钟停靠一站,其大运量、低票价的服务,成为沿线群众出行、赶集等首选。从西昌到喜德,是客流最集中的一段。沿途村民走亲访友,或是将鸡、鸭、猪、羊以及花椒、土豆等农产品运到市场,都会选择乘坐这班列车。

乘坐慢火车去上学的彝族孩子也一年比一年多,它几乎成了他们往返学校和家之间的校车。每逢周末,有超过600名学生乘坐这趟慢火车。如今,成昆铁路复线正在加紧施工,预计到2021年将全线通车,沿线将进入高铁时代,但慢火车依旧会按照原来的速度在大山里穿行。

慢火车和高铁的相济共行,体现了绿色经济的智慧,即一项技术的采用,不仅要追求先进性,还应考虑适宜性。对此,英国的E.F.舒马赫在其所著《小的就是美好的》一书中提出过中间技术的概念。中间技术亦称适宜技术,即相对于现代高科技而言,适应不同地区经济、自然条件的适宜性技术。这种

淮河铁路大桥

技术强调有效利用地区资源，与生态系统相容，是把技术运用与生态系统保护结合起来的一种新思想。中间技术富于人性化和创造性。行驶在大山中的慢火车，就体现了这种人性化与适宜性；其实，慢有时也是快，这取决于具体的条件，一切要因地制宜。"慢火车"与高铁的并行，不是先进与落后的反差，而是和谐的共存、是对差异的尊重。同样，高铁发展带来的客货分流，也体现了这种理念。

客货列车在运行速度、载重量等方面都存在较大差异。当长达上百节载着集装箱的火车喘着粗气，在铁路线上缓慢行驶时，其载货能力堪比一艘巨轮。如加拿大东西部跨度大，中间又有落基山脉，因此铁路就是大宗货物运输的中坚力量。显然，在客货混运的线路上，是难以承担此重任的。

高铁线路建成后，促使中国铁路客货分离，大大提高了运输能力和运输效率。蚌埠就是最好的见证地。京沪高铁驶出天津后便一路向南奔驰，但到了淮河边，突然拐向东南，这个

高铁经济 >

转弯的地方就是一百多年前还是小渔村的安徽省蚌埠市。1911年,津浦铁路建成,蚌埠地处津浦铁路南段浦口到徐州的中点,便成为淮北的商品集散中心和交通要道,京沪、淮南铁路的枢纽,蚌埠因此被称为"火车拉来的城市"。然而,由于蚌埠所在的京沪铁路纵贯中国经济发展最活跃的地区,连通海河、黄河、淮河、长江四大流域,相衔二十多条其他铁路干线,沿线人口密集、经济发达,客流和货物运输都十分繁忙,往往顾此失彼。尤其春运期间,蚌埠站承担着巨大的客运压力。于是,20世纪80年代,蚌埠成了京沪线上有名的"卡脖子站","每列都基本满员,有时地上蹲着人、行李架也坐着人,蔬菜瓜果、鱼米鸡鸭,塞得车厢满满的"。春运期间只得大量减少货车,增开普速客车,有时甚至所有货车都要停开。原经蚌埠运往华东的农产品、能源、原材料等物资,80%以上都舍近求远,改道由阜阳、合肥、芜湖运往长三角地区,这既加大了铁路运输成本、降低了物流效率,也在很大程度上制约了蚌埠物资集散功能的发挥和物流产业的发展。

据统计,即便铁路竭尽全力,在全国范围内,仍有不少的货运需求落空,大量的物资由铁路运输改为公路运输。高铁的开通,改变了这一状况。据统计,因高铁的开通,原来的京沪线单向年货运能力提高1.3亿吨。近年陆续开通的胶济客运专线、武广高铁、京津城际、沪宁高铁和郑西高铁这五条线路,因原线路腾出货运空间,年增加货物运输能力2.3亿吨。据测算,在全社会货物运量中铁路货运比重每提高一个百分点,就可节约社会物流成本212亿元;同时,也创造了可贵的环境效益。

中国疆域辽阔,地区差异明显,物流、客流复杂,既要发展高铁,加快铁路运输的现代化,又需在交通不便的贫困山区继续保留普通客运线路,还将高铁让出的传统线路改为货运专线,从而形成多元化的运输体系,这是符合国情的明智选择。

在中国的大地上,疾驰的银色高铁、缓行的绿色慢车、满载的长列货车,各司其职、各尽所能,共同勾画出一幅多姿多彩的高效运输图,一幅经济效益和生态效益的共赢图。

第七章

高铁改变生活方式

一、"同城效应"和"一小时生活圈"

二、"候鸟"式生活的普及

三、高铁改变春运格局

四、高铁对文化和思维观念的影响

五、"双网融合"与"智慧出行"

古往今来，凡交通方式的变革和进步，都会给人们的生活方式、思维观念带来相应的变化。高铁颠覆了人们原有的时空观念，增强了经济社会发展的均衡程度与观念的平衡程度，加快推进了城乡一体化，提升了中国的现代化水平，也促使国家意识、集体意识与社会凝聚力的增强。

一、"同城效应"和"一小时生活圈"

同城效应是指在相邻地区城市间产生的互动、互通作用和联动效应,是城市现代化发展的新趋势,也是通过城市间加强交流、合作,从而促使区域经济发展的重要因素。

同城效应需要借助于便利快捷的交通条件,而高铁的开通使人们的生活半径和活动范围明显扩大和拓宽,生活方式和节奏逐渐发生变化,推动了同城效应的实现。同城效应首先出现在经济较为发达、城市间联系较为密切的地区,如长江三角洲。位于长三角地区的江、浙、沪三省市,被称为中国第一区域经济板块。高铁使这一地区的"同城效应"进一步显现,半径在500公里左右的城市之间实现了"朝发午至"。目前,上海到昆山只需17分钟,上海到苏州27分钟,上海到杭州65分钟,上海到南京68分钟。到2020年,长三角将基本形成由上海、杭州、南京等城市组成的"一小时交通圈"。到那时候,在上海和杭州或者南京之间的客流还将更多,"同城效应"也将进一步放大。沪宁高铁不仅穿起沿线6个地级以上

沪宁高速铁路

> 高铁经济

城市,而且沿线设站超过 20 个,使得更多的城镇居民都被融入沪宁沿线一小时生活圈,享受到高铁带来的便捷与舒适。将会有更多的上海白领把家安在苏州、昆山或嘉兴、嘉善。嘉兴市已提出要成为全面接轨上海的示范区。昆山市已规划将城际铁路、高速铁路两站合一,建立大型城际城内交通换乘设施及停车场,并将原来长途汽车站搬到高铁站附近 2 公里内,坐汽车到枢纽站,不用出站就能换乘高铁去往南京或上海。随着沪宁、沪杭高铁沿线城市进入"同城时代",生活在甲地、工作在乙地成为可能,对工作、住房的选择余地也将更大。

"双城生活"富有诗意和瑰丽的色彩,更重要的是,既能获得大城市的工作机会,又能享受其周边城市的低廉房价;形成大城市的"吸收"和"溢出"双重效应,人才和资金双向流

成绵乐城际铁路

动，增强了大城市和小城市之间的联系和往来。高铁的便捷性使人的跨城流动变得更容易，"双城"生活逐渐成为长三角地区市民生活的一道风景线。近年来，每年上海高校毕业生人数高达17万人以上，就业率保持在90%以上，非上海生源毕业生留沪比例在80%以上。上海的高房价并没有让这些年轻人退缩，其中的一个重要原因，就是高铁建设成网、出行便捷，让部分年轻人选择在上海就业，在长三角一小时交通圈内购房置业。

沪宁高铁的建成运营呼应了长三角率先实现现代化的发展要求。它与沪杭高铁，以及苏通大桥、上海长江隧桥等重大工程一起，大大提高了区域重大基础设施和城市体系的网络化程度、现代化水平；有利于加快长三角区域合作、联动和一体化进程，为长三角发展提供更大的平台。对于优化资源配置、消除城乡二元结构、推动城乡协调一体化发展具有积极意义。

在四川，成绵乐（成都—绵阳—乐山）城际高铁客运专线的开通，使人们的"同城梦"变为现实。"盼了好几年了，天天都在关注开通的时间！"家在绵阳的游女士，哥哥姐姐还有好多同学都在成都，所以她经常需要到成都过周末。以前是自己开车，虽说有高速公路，但堵得很，一个多小时的车程有时两个多小时也到不了，还经常遇到大雾天气，阻碍通行。"高铁就不一样了，快捷、准点、安全。"游女士周一至周五在绵阳上班，周末到成都玩两天，周一一早便可返回绵阳上班。"有了成绵乐高铁，绵阳的安逸，成都的繁华，我都能享受得到。"游女士说。

绵阳大成职业学校主要培训处于创业初期的大学生以及农民工等，老师大多来自成都的企业家或高校老师。高铁开通前，校长每周都要亲自当司机在成都和绵阳之间往返几次接送老师。"辛苦都不是问题，最恼火的是不准点，上课时间到了，我和老师还堵在路上，很耽误事。成绵乐开通后，老师们更乐意坐高铁，课程表也不会被打乱，我也可以把更多的精力用在

学校管理上。"这位校长乐呵呵地说。

绵阳下辖的江油市是绵阳旅游资源最集中的地方,也是成绵乐高铁的最北端。江油是李白故里,旅游资源得天独厚。成绵乐高铁开通后,使绵阳以及沿线3 000万人的"同城梦"变成了现实,江油成了旅游热点,列车经常满载,特别是周末,旅游人数明显增加。

同城效应促成了"一小时生活圈"或"一小时经济圈",即在交通一小时可通达的范围内,形成一个具有明显聚集效应、具备竞争优势的地区。如长三角就形成了以上海为中心,一小时之内交通可以到达的生活圈和经济圈。依托高铁,成都、重庆、武汉、广州等中心城市,都与周边地区形成了一小时之内交通可以到达的生活圈和经济圈。一小时,只是一天的二十四分之一,适合现代人出行的时间节拍,符合快节奏的生活、工作要求。因而,"一小时生活圈"往往具有相当的吸引力和集聚性,成为城市布局和规划的重要依据。

"一小时生活圈"的出现,有利于实现区域资源共享,避免重复建设和恶性竞争,实现共赢,提高整体竞争力,从而实现"一小时经济圈"。有了"一小时经济圈",圈内各地可充分发挥各自的资源优势,加强发展的协调性、共享性,不必追求大而全或小而全,从而避免重复建设。比如港口、机场都可以通盘考虑,避免争抢市场局面的出现,也避免了港口、机场的荒废。有些基础设施的建设涉及多个地方政府,成立一小时经济圈,有利于几个地方政府协同作战,共同完成。一小时经济圈内各个城市,产业结构可以不同,各有自己的优势产业,从而可以形成优势互补的产业链,有利于每个城市的发展。提出一小时经济圈,有利于中心城市进一步做大做强。中心城市做大做强了,才能更好地发挥辐射作用,促进周边城市的发展。苏州、无锡靠近上海,就是依靠上海的辐射作用迅速发展起来的。一小时经济圈可以对经济圈范围内各个城市通盘考虑,也更加有利于以城带乡,实现区域统筹、城乡统筹。一小时经济圈使周边城市能享受到中心城市的辐射，通过辐射效应、共享效应，带动整个区域经济的发展。

二、"候鸟"式生活的普及

在大自然中，许多生物有随着季节变换而迁徙的本能。每当秋风乍起，"衡阳雁去无留意"，我们常能在蓝天白云间看到一行行大雁南飞，"仰看云中雁，禽鸟亦有行"，不禁从心底里仰慕候鸟的生存智慧。

今天，越来越多的人开始仿效候鸟，追求候鸟式的生活方式。这首先出现在退休人群中，他们像鸟儿一样，随着季节变化南来北往，选择不同的地方养老。随着高铁的开通，这些

海南"候鸟"式生活

高铁经济

"候鸟一族"的出行更为方便了。虽羡大雁飞蓝天,更喜高铁南北行。夏天,"候鸟族"前往哈尔滨、大连、青岛等北方城市避暑,冬天则去海南、广州等南方城市避寒。

海南省地处热带,1月平均气温16℃～20℃,年平均气温23℃～25℃,年均降水量1 500 mm。这样的气候最适宜于老人们安享晚年。海南拥有青山、海滩、浴场、温泉等资源优势,还有大量可开发的山地和丘陵,为发展养老机构提供了空间资源。这些在气候、资源、环境等方面的优势,为海南营造了十分适宜"候鸟"栖息的天地。据海南老龄办统计,每年冬季高峰时从全国各地来海南的老人约有45万人。预计到2020年,海南"候鸟"老人将达到62.8万。海南环岛高铁的开通,

黄果树瀑布

昆明滇池

更有利于建立以海口、三亚为主,琼海、文昌、五指山等中小城市为辅的养老服务经济圈。

2010年1月,国务院发布《关于推进海南国际旅游岛建设发展的若干意见》。到2020年,海南将初步建成世界一流的海岛休闲度假旅游胜地,这为海南发展"候鸟"式养老服务产业提供了良好的前景。而海南环岛高铁的开通,使养老与旅游两者紧密结合起来,相得益彰。这种为"候鸟族"建立栖息地的招数,已在许多地区得到复制。安徽、广西、贵州等省区,都利用高铁带来的机遇,拓展旅游产业链,将养老服务融入区域发展规划之中。养老产业的发展,可以有效利用山区阳光、空气、空间资源,将原来的劣势转变为优势,实现山区经济与城市经济的对接,推动脱贫致富。

哈尔滨之夏

承德避暑山庄美景

夏季来临，"候鸟"们则北行西徙。西南地区的贵阳、昆明，就是避暑的天堂。贵阳位于贵州省中部，海拔1 100米左右，夏季平均温度为23.2℃，最高平均温度在25℃～28℃之间。旅游资源丰富，有红枫湖、黔灵公园、青岩古镇、花溪国家城市湿地公园、甲秀楼等景点，著名的黄果树瀑布也在离贵阳不远的地方。云南省昆明市，因其四季如春，被人们称作"春城"。昆明夏季平均气温20℃～24℃，气温适宜，旅游景点有石林、滇池、安宁温泉、九乡溶洞等。北方的哈尔滨、大连、承德、青岛也是著名的避暑胜地。哈尔滨市位于黑龙江省南部，夏季平均气温在22℃左右，是避暑的最佳选择。一年一度的哈尔滨之夏音乐会可以让人领略到高纬度的风土人情。承德避暑山庄是清代皇帝避暑和处理政务的场所，如今作为旅游胜地，也是不错的避暑之选。

长期以来，中国人口缺少流动性，交通条件的制约是其中因素之一。今天，四通八达的高铁，为中国人口的空间流动提供了前所未有的便利。高铁通过多种途径影响人口流动。例如，高铁通过廊道效应、集聚效应产生现代产业聚集经济和城市聚集经济，扩大高端产业比重，促进区域整体产业结构调整，从而带动大量的人口流动。高铁通过沿线高铁新城、高铁新区、高铁枢纽等的建设，以及促进城镇化建设，影响人口流动。高铁通过缩短时空距离导致人们的生活观念、生活习惯以及工作模式发生变化，如通过在邻近城市购置房产实行就业与居住分离，实现在城际之间的"钟摆式"通勤；随高端产业进入邻近城市而往返于母体企业与分支企业之间；被邻近城市企事业单位长期聘请兼职；应邀短期来邻近城市传技或讲学等等。

到2020年末，我国高速铁路营业里程将达到3万公里，覆盖80%以上的大城市。高铁对人口移动的影响将出现新的趋势。如广州将加强与长沙、南昌、南宁、贵阳等高铁沿线省会城市的人才合作，引导异地高层次人才采用柔性流动方式，

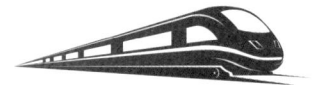

高铁经济

到广州从事咨询、科研、技术合作等，促进人才资源共享。江西大力推动人力、技术、信息、资本等要素在高铁沿线节点优化配置、集聚发展，充分借助高铁优势引进紧缺人才，采取"季节型""假日型""候鸟型"等多种方式，吸引人才来赣发展。

候鸟式的生活方式，为人们提供了更多的发展机遇。候鸟们尽管会遇到新的挑战和风险，但获得了更多的成功希望；候鸟们的展翅飞翔，能让自己的生命提升到一个崭新的高度，进入一片广阔的新天地。海阔凭鱼跃，天高任鸟飞。高铁所带来的中国人口相互间流动、交往频率的增加，或将冲击凝滞、僵

春运客流

化的地域格局和户籍制度，给社会增添新的活力。

改革开放四十年来，中国社会的一大变化就是人员的急剧流动，从乡村到城市，从这个城市到那个城市，甚至从国内到国外。人员的急剧流动使中国的传统社会结构发生剧烈变化，传统的熟人社会格局被打破，人们进入一个范围更加宽阔的陌生人社会。与此同时，建基于熟人社会的一整套社会思想、价值取向、行为方式、交往模式甚至情感归属、依托等也会逐渐被冲破。

三、高铁改变春运格局

谈到当代中国的人口迁徙，人们自然就会想到每年的春运。春运，被称为"地球上最大规模的年度人口迁徙"，2017年1月13日至2月21日的春运期间，全国铁路旅客发送量达3.57亿人次。那蔚为壮观的春运大潮，给铁路部门带来巨大的压力，也给要经历长途跋涉的旅客，带来了无数的困顿和烦恼。每一年，春运，都是媒体关注的热点话题。而如今，高铁正改变着春运，这一世界上最大的人口迁徙仪式，正在悄悄发生变化……

流动，是中国春节最大的主题。据某大数据中心发布的2017年春节"空城指数"显示，排名首位的广东省东莞市，流出人口达到总人口数的69.26%；排名第二位的是广东省佛山市，达到62.92%；第三位广东省广州市达到61.36%；第四位广东省深圳市达到60.76%；第六位上海市达到56.76%；第八位北京市达到52.01%。

中国春节的人群流动，堪称世界奇迹。就绝对数来说，一线城市流出的人口规模更巨。特别是上海，根据《2015年上海市国民经济和社会发展统计公报》显示，至2015年末，上海市常住人口总数为2 415.27万人，其中，户籍常住人口1 433.62万，外来常住人口981.65万人。春节期间上海流出人

高铁经济

口高达一千多万。随着节后返程高峰的到来，返城流、探亲回家流、学生流相叠加，大约到正月十五，唱了半个多月"空城计"的上海，又回到2 400多万常住人口的常态。

高铁的开通运营，改变了春运的格局。以往，春运期间是铁路部门最"焦头烂额"的日子。"就像打仗一样，在车站几十天不能回家，每天疏导人流，生怕出事。看着广场上黑压压一片走不了的旅客，心里急啊。"一位老铁路人回忆说。而最近几年，随着高铁网络的延伸，"春运"一词的含义在旅客或铁路人的心中悄然变化。

目前，中国高铁总里程已超过2.5万公里，比世界其他国家和地区高铁里程的总和还要多。位于长三角地区的高铁里程就达3 300多公里，比日本新干线的总和还要多。统计表明，每天有超过5 000列动车奔驰在中华大地上，春节前将人们运回家乡，或者运达旅游目的地；节后，又将他们运到北、上、广、深等大城市。如今，从长三角各大城市乘高铁出发，一日之内即可抵达全国22个省级行政区。越来越密的高铁网络，吸引更多的人乘高铁回家过年。2017年，全国铁路共发送旅客30.39亿人次，其中17.13亿人次乘坐的是高铁动车组列车，占比达56.4%，在长三角地区，高铁旅客的占比更高。以上海为例，乘高铁出行的旅客占到了铁路客流总量的三分之二左右，高铁渐成春运的"主力军"。高铁带来的强大运送能力，改变了过去火车带给人们车次少、速度慢、拥挤不堪的形象，高铁的快速、舒适，让人们的春运回家之路变得更加平安、顺畅、温馨。

过去，为了应对这一世上最大规模的人口迁徙，铁路部门借用体育馆做售票大卖场，人们在寒风中连续几日通宵排队，只为求得一张火车票的现象，已经成为历史。高铁，让回家的路不再艰难，高铁拉近了老家与新家的距离。"如今，人们乘坐高铁，既享受到了高速和舒适，还饱览了窗外美景。坐着高铁回家过年，当看到家乡的山水草木一点点映入眼帘，家乡的炊烟在山谷间氤氲，近乡情更亲的感觉油然而生。高铁，这种现代科技的惊艳登场，让人们旅途的时间变得更短，让人们有更多时间陪伴家人，享受年味。高铁延长了人们的假期。"一位高铁旅客的体会颇有代表性。

每年的春节为什么会产生如此大规模的人口流动？究其深层次原因，有东西差距、城乡差距、农村进城务工流，以及阖家团圆的传统习俗等。从根本上说，离不开经济和文化这两大因素。而高铁的开通，在增加铁路运力、改善春运条件的同时，还逐渐影响了春运的格局，为异地家庭团聚提供了更多的便利，使得春运越来越常态化了。据上海铁路局统计，以客流量来说，春运已经不是全年中最紧张的时刻。黄金周、暑运甚至双休日，客流量逐渐接近甚至超过了春运。2014年"十一"黄金周期间，全国铁路累计发送旅客9 100.7万人次，平均日发送量900万人次以上，其中最繁忙的10月1日发送旅客达1 172.6万人次；而2014年春运40天内，全国铁路累计发送旅客26 696.9万人次，平均每天不到700万人次，最高峰一天835.7万人次。

这一现象的出现，反映了中国这一最大规模的人口迁徙，正在发生历史性的变化。有资料表明，过去二三十年，在人口迁移的旋律中，从农村或小城镇流向大城市是主曲，2009—2011年是人口迁移潮最为汹涌的年份，排名前13位的城市人口净增高达2 137万人，超过同期全国的新增人口。但从2013年开始，拐点出现了；2014—2016年，排名前13位的城市人口净增只有543万。这4年间，中国人口迁移规模骤然下滑。珠三角、长三角的大城市普遍出现了招工难现象。据广州市人力资源市场中心对当地424家企业进行的调查统计数据显示，2016年广州春节后缺工数达18.91万人。在该中心举办的首场综合招聘会上，有70多家企业进场，提供2 000多个职位，然而进场求职的异地务工人员却寥寥无几。数据表明，人口迁移出现了明显的分散化趋势。2009—2014年，有13个城市人

口净增超过100万，人口流动集中在少数一线城市、区域中心城市。而2011—2016年，人口净增超过100万的城市下滑到5个，人口净增在25万～100万之间的城市增加到28个。而正是在此期间，高铁建设快速发展，越来越多的二三线城市开通了高铁，让迁移流有了更多的选择空间。中国人口的流动已出现了分散化趋势，甚至出现了"逆流动"。当然，导致这一现象的原因有多种，高铁只是其中一个促成因素。然而，高铁正在改变以往春运千军万马挤一路的状态是明显的事实。往昔春运的一幕幕场面，或将成为难忘的图景，留影在中国铁路的历史画册上。

四、高铁对文化和思维观念的影响

古往今来，凡交通方式的变革和进步，都会给人们的思维观念带来相应的改变。高铁就颠覆了人们原有的时空观念。人们出行时，对距离的理解将不再是空间距离，而是时间距离。比如，郑州至北京高铁开通后，人们谈到郑州到北京有多远时，很可能不再讲有近700公里，而是用2.5小时取代。

有海外媒体曾评论说：高铁正在改变"人们对其居住的大陆的看法"。由于空间距离感渐趋淡薄，"天下为家"的理念将逐步成为共识。北漂、沪漂、粤漂——许多城市将会出现更多的"漂族"，传统的户籍制度将受到更大的冲击。由于中国社会长期处于闭关自守的农耕文明，形成了以土为本、自成一家、保守循旧的文化传统，尤其在广大的内陆地区，行不出远门、游难舍乡愁，这样的传统禁锢了许多人的思维观念。而高铁的普及，让更多的中国人走出家门，四海为家，甚至四海一家。曾有记者在郑州车站采访高铁乘客，受访者中乘坐过"两次至五次"和"五次至十次"高铁的乘客分别占38%和25%，"首次"乘坐高铁和乘坐过"十次以上"的乘客各占21%和16%。面对"乘坐高铁出行的目的是什么？"这一问题，公务出差、旅游休闲和探亲访友三个选项排在前三位，分别占到了32%、24%、20%。"高铁对自己生活有多大影响？"55%的受访者选择"影响很大"，19%的受访者选择"根本性改变"，只有16%和10%的受访者选择"影响不大"和"没有影响"。可见，认为高铁正在改变自己生活的受访者超过七成。

"一条高铁，家在这头，单位在那头"。高铁带来的全新速度，让原本看似遥远的两座城市，变成了一个"社区"。在更多沿线城市之间，选择"钟摆式生活"的人越来越多。在广州南站开往郑州东站的高铁列车上，一位35岁的乘客正趴在自己座位前的小桌上，用笔记本电脑整理着一份文案。作为一个频繁出差的业务员，结缘高铁后，他常常把列车的座桌当作移动的办公桌，边旅行边工作，有时一天要"游走"五个车站，过着每天穿梭于各个车站之间的高铁生活。在高铁车厢中，有更多的商务旅客过上了这种与高铁结缘的生活。

高铁还架起了甜蜜的鹊桥。郑州东站，一个20多岁的女孩快步走进一楼大厅，直奔右侧的自动售票机。她拿出了几张纸币和身份证，一分钟后取出了一张高铁车票。"明天下午去信阳看男朋友。"女孩有些羞涩地说。她和男友是在郑州上学时认识的，去年两人毕业后，她留在了郑州，男友在老家信阳找到了一份待遇不错的工作。从此，一对小情侣变成了"牛郎织女"，要想跨越两座城市之间300多公里的距离，乘坐普通列车需要3.5小时，乘坐动车需要2.5小时。加上在两个市区的路程，每次往返时间就达10小时。最初，两个年轻人每半个月相会一次；慢慢地，变成了一个月甚至两个月见一次面，以至对这段异地恋情能否维持下去产生了动摇。随着郑武高铁的开通，两人相聚的频率又恢复到了半个月一次，甚至有时每周都会见面。现在，只需要1小时20分钟，高铁就能从郑州到信阳。往返一趟，少花了近6小时。"异地恋"不再是问题，双方就像生活在同一城市，随时都可以见到对方。搭乘飞驰的

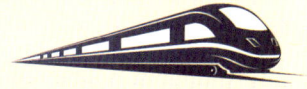

高铁经济

高速列车,让这样的现代版"牛郎织女"们终于告别了"天河"阻隔的苦涩之恋。

作为一个人口众多、地域广阔的大国,高铁带来的变化远比其他交通工具深远。常态化、大众化的高铁交流,引领着更大规模、更深层次的社会流动,改变着个体生活方式与思维方式。高铁有助于增强社会经济发展的均衡程度与观念的平衡程度,加快推进城乡一体化发展,提升中国的现代化水平,也让国家意识、集体意识与社会凝聚力不断增强。

铁路对社会思维观念的影响,可以追溯到一百多年前国际时区的划分。在格林尼治时间被确定之前,地球按照圆周被划分为 360 个时区,然后将一天 24 小时换算成 1 440 分钟,经平均分配,每一时区为 4 分钟。这样,从某一个时区进入相邻时区,就需要将时差调整 4 分钟。在田园牧歌时代,人们出行乘坐马车,生活节奏非常慢,这个规定比较适用;但铁路出现之后,人们在长途旅行的时候,就必须频繁地调整时差,十分烦琐。为此,加拿大铁路工程师桑福德·弗莱明提出了新的思路:将全球划分为 24 个时区,每个时区占据 15 个经度,各个时区内的时间都统一,时区之间相差 1 小时。这样一来,就大大减少了长途旅客调表的次数。1884 年,在华盛顿召开的国际经度会议上,通过了这一方案,明确了国际标准时间,也就是格林尼治时间,又称世界时,同时规定全球划分为 24 个时区。这是铁路对时间概念的历史性贡献。

日本的新干线和普通铁道列车的运行,都非常准时,误差通常以秒计算。新干线每站停车时间一般不超过一分钟。日本人以准时著称,不知道是铁道的发展培育了日本人守时的习惯,还是日本人守时的传统推动了日本人在铁道交通运行上的分秒必争。当然,先进的铁道控制系统是实现准点的前提。今天,高铁对社会观念的影响,或许才刚刚开始。随着高铁网络的织成、高铁生活的普及,我们会看到更多的社会观念发生新的变化。

高铁既是一种使远距离的人与人之间的交往得以快速实现的交通载体，又是一种能够改变人们的时间和空间存在方式的价值中介。高铁促进了文化传播或文化扩散。尽管现在各种传播媒介呈多样化，尤其是网络传播的快捷、便利，使得文化传播达到了"零距离"的境界；但仍代替不了人的迁移和流动所带来的传播效应。人的迁移和流动对文化传播的影响，更具有现实的力量。"耳闻不如目见，目见不如足践"。高铁促进了中国人口的流动，而流动人口带来了不同的思想、文化观念，与当地人口相互交流和沟通，丰富了城市的文化内涵，有助于建立开放型和富有个性化魅力的城市文化。当高速飞驶的列车每天能把上百万的人群带往千里之遥，所引起的文化传播和扩散，是一股无比巨大的影响力量。因此，"高铁"在文化发展意义上所彰显的精神价值，或许将超越其在经济发展意义上所突出的物质价值。

尤其是西部高铁的开通，不仅方便少数民族同胞乘坐高铁走出大山，促进少数民族地区经济繁荣，还为少数民族聚居地

高铁餐车

区的社会、经济、旅游、文化、教育、医疗等各项事业快速发展提供了条件，一旦少数民族地区连入全国高速铁路网，就能带来大量的人流、信息流，以及现代文明的理念与生活方式。当东部沿海以开放、活力和创新为特质的文化观念，伴随着高铁更快地流入西部地区，将对西部大开发带来巨大的精神援助，更有利于弥合我国东西部之间发展不平衡、不充分的差异。

比较城市的发展，可以看到一个现象：移民城市的活力往往高于一般城市，如近代的上海、香港，现在的深圳。其原因就在于来自五湖四海的人带来了不同的文化，在同一城市中相互交流、碰撞、激荡、融合，促进了思维的活跃、观念的更新、才智的激发。城市的开放性、流动性，促使了文化的多元化和丰富性，提升了城市的精神品格。正因如此，上海把"海纳百川，追求卓越"定为自己的城市精神。而高铁带来的跨地域联系，促进了不同地域的文化交流。不同地区的人在不同文化环境中所受的文化的熏陶，在"同城效应"的磁场中，增强了交流、融合、升华，产生了"类移民城市"现象。今后，在高铁的影响下，我们或许会看到更多的上海、深圳、香港，出现在中国的城市版图上。

五、"双网融合"与"智慧出行"

截至2017年底，中国高铁"四纵四横"网络基本形成，"八纵八横"也将建成，一张世界上最密集的高铁网，以"网罗天下"的恢宏之势，展延于中华大地。同时，中国也是互联网发展规模最大、速度最快的国家，现已拥有网民超过7.5亿。

互联网勾画了一个丰富多彩的虚拟世界。天涯若比邻，即使是相聚万里的人也可以"零距离"地进行交流、互动。互联网的威力正在向更广泛的社会领域渗透，前所未有地改变着人们的生活方式。而高铁网的出现，则缩短了现实世界的时空维

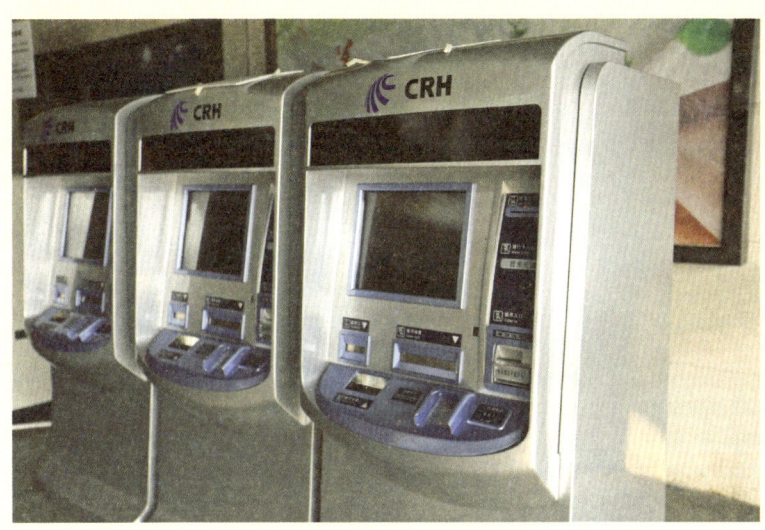

铁路自动售票机

度，在改变人们出行方式的同时，也将对人们的生活、工作和交流带来深刻的变化。从这个意义上说，高速铁路网可谓是实体化的互联网。

随着"互联网+"的不断拓展，"互联网+铁路"正在展现一幅新的图景；而另一方面，铁路也在"+互联网"。高铁网与互联网的"双网融合"，已成为新时代发展共识，并逐步变为现实。这一"双网融合"，促使虚拟世界在与现实世界的结合中，产生一系列的"叠加效应"。

"双网融合"将让高铁成为集出行、旅游、购物、休闲等享受于一体的综合服务载体，让高铁生活成为一种新的生活方式。目前，铁路部门已在各省会城市及计划单列市的 27 个主要高铁客运站，推出动车组列车互联网订餐服务，旅客除了可以预订铁路盒饭，还可以订购沿途供餐站提供的品牌餐食，让外卖上高铁。这就意味着旅客可以享有更多的选择机会，品味到品种更为丰富的美食，大大提高了客户的用餐体验。旅客只需动动指尖，就可以在高速行驶的高铁上轻松便利地享受到更为多样化的餐饮选择，获得"坐享其成"的便利。

互联网在发展各种线上服务时，也离不开线下配合。譬如，没有物流，没有实实在在的商品的位移，电子商务就无法开展。因此，互联网要发挥自己的优势和潜力，必须依靠另一张网来实现，这就是物流网。而全国性的物流网，主力就是铁路。尤其高铁网的建立和完善，为"互联网+"提供了更多的机会，形成了全球最大的数字商业平台和覆盖全国的物流基础设施。

如陕西省汉中市拥有佛坪的山茱萸、城固的柑橘、西乡的大米、洋县的黑米、略阳的乌鸡、镇巴的腊肉、宁强的茶叶等丰富的物产。过去受制于交通及信息的不畅，经常出现"好货难卖"的现象，而电商下乡和高铁开通，让这些农产品有了稳定的市场渠道。"双网融合"为资源丰富的农村和山区，创造了脱贫致富的机会。

在"双网融合"的推动下，铁路可依托互联网的技术优势，在移动支付、智慧出行、旅途文化、个性化服务等方面，大有作为。而依靠铁路运输的流量优势，互联网企业可以迅速吸引用户、塑造品牌、做大规模。2016年在乌镇召开的世界互联网大会，举行了主题为"智慧交通，让出行更便捷"的"互联网+出行"论坛，认为随着互联网+出行的到来，旅客们可提前根据网上发布的信息安排行程，查询到车次、余票数、途经站、车辆停开晚点等交通信息，无须费时间在售票窗口排长队，即可对选好的车次直接购票。针对"双十一"网络购物活动，铁路部门还推出了"双十一高铁专列"，商品从装车到送达基本上一天之内都可完成，其高效快捷得到了广大网络购物者的一致好评。

"双网融合"为互联网企业开辟了新的服务领域。面对消费者，高铁可以是移动的商业新渠道；面对供应商，高铁也可以是移动的大数据平台。铁路客票平台所凝结的客户大数据规模与质量就具有很大的价值。高铁"轨道+物业+商业"的创新还有更大空间。在高铁"轨道"上，"双网融合"正在驶向更受期待的新境界。

因此，我们不能仅从传统的交通视角来衡量中国高铁网的价值。高铁网和互联网的结合，让我们在虚拟世界和物理世界都进入了"高速为胜"的时代，一个速度已成为生产力要素的新时代。有人就认为：数据通信速度减物理实体运动速度的差越小，这种经济体的竞争力就会越强。当高铁网与互联网比翼齐飞，就能为社会创造出更多的时间价值，让中国经济的增长速度领先全球。

在"双网融合"的背景下，铁路系统正在努力打造"智慧铁路"。2009年，IBM 在北京成立全球铁路创新中心，致力于打造安全、高效、绿色、智能的铁路，实现铁路信息化发展。IBM 认为，人口增长和城市化正在推动现代化的铁路系统提供前所未有的服务。全球的政府和企业都认识到铁路在支持经济增长方面发挥着重要的作用。该中心汇聚了全球最重要的行业领袖、研究学者和知名大学的资源，旨在共同推动新一代智慧的铁路系统。此外，全球铁路创新中心还与 IBM 分析解决方案中心的业务咨询师们一起，开发组建了一个全球虚拟铁路社区，共同面对铁路行业的挑战。中心成立后，充分利用 IBM 公司的软、硬件资产，包括研究院、软件开发中心等多方资源，寻找与中国铁路的合作机会。

在客户服务领域，铁道部门一直致力于完善铁路客户服务系统，希望能在不远的将来推出与民航系统相媲美的新一代客票系统。在业务分析与优化领域，通过对供应链、旅客出行模式等方面进行智能分析，不但可以实现铁路运力的提升以及铁路资源的利用率，更可以缓解铁路的运能紧张、最小化对环境的影响，在节省成本的基础上保证更高的服务质量。

智慧铁路将使旅客体验到智慧出行的种种便利，如帮助你制订旅行的智能规划，提供智能餐饮、智能商务、车站智能导航等一系列的智能服务。相当于你准备坐火车出行时，有一个无微不至的管家陪伴你左右，成为你的旅行伙伴，根据你的旅

行目的和需要，一路为你贴心服务。随着云数据的加入，每个人的出行都得到合理规划，线路上的火车可以根据客流量随时调控，全国铁路网将掌握在一个高度智慧的巨系统之中。而这个高度智慧化的铁路网，将能集合旅游网、订票网、电商网等多种网络的功能，为你在行前准备、途中需求、沿途观光、购物安排等各个方面，提供舒适、便捷、多样化的综合性服务。

第八章

中国进入高铁时代

一、建设"轨道上的国家"

二、高铁与胡焕庸线

三、陆权国家的崛起

四、让"中国造"重现辉煌

五、中国外交的"新名片"

高铁的迅速发展，使中国正在成为一个"轨道上的国家"。"八纵八横"的高铁网有助于消弭城乡间、东西部的差异，给中国社会带来深刻的变化，促使中国进入一个"高铁时代"。

一、建设"轨道上的国家"

人们常说,美国是"汽车上的国家"。确实,在美国生活离不开汽车,出门办事、上班下班、休闲度假,都需要汽车,因此每千人汽车拥有量超过 800 辆,很多人拥有 2 部以上汽车。不会开车,简直是寸步难行。我认识一些子女在美国的老年朋友,每次去美国探亲待的时间都不长,原因之一就是不会开车。

把一种交通工具作为定语放在国名的前缀,表明了这种交通工具对国家是何等重要。在游牧时代,一些强悍的民族常被称为"马背上的民族",就反映了马匹是当时最重要的交通工具。汽车的发明,大大地提高了人们的活动自由度,进而对汽车产生了高度的依赖。如今在美国,无论是政治、经济、军事、外交、内务活动还是国民的生活,都须臾离不开汽车。前些年,我到美国西部旅游,清晨五时从旧金山驱车前往硅谷,当时天还没亮,但高速公路上已挤满汽车。由于居住点的分散,上班车程需要一两个小时的状况十分普遍。我们既钦佩美国人民的勤奋,又感叹于"汽车族"们的辛劳。

纵观历史,每次经济变革,都与交通方式的发展休戚相关。蒸汽机的发明推动了第一次工业革命的开展,并诞生了蒸汽火车,从而大大降低了时间和空间对人类交流的限制。美国曾是世界上修建铁路最早的国家之一,由于抓住了这一交通变革的机遇,使铁路成为美国工业的一个巨型部门,拉动了围绕这个部门所构建的行业大踏步发展。因此,美国也曾是一个"轨道上的国家",铁路网成就了现代化的美国。20 世纪初,电信技术与燃油内燃机的结合引发了第二次工业革命,其中最重要的就是汽车的出现。汽车的大批量生产和广泛应用,从更大程度上改变了以往受时间和空间限制的社会。于是,随着铁路的衰落,美国成了一个"汽车上的国家"。

高铁经济 >

美国——"汽车上的国家"

汽车作为支柱产业,支撑和拉动了国家经济,提供了大量就业机会,源源不断地给经济注入新的动力,促进了城市的高度繁荣。同时汽车也促进了基础设施的建设。由于汽车的大量发展,促使美国公路四通八达,总里程达 680 万公里。然而,汽车的高度发展也同时带来了种种负面效应。首先是高耗能。美国人口虽只占世界的 4.6%,但能源消费量要占世界的 23%,是世界第一能源消费大国。高能耗必然带来高排放,美国每年排放的二氧化碳总量要占全球排放量的 25% 以上。

随着人民生活水平的逐步提高,中国目前已是世界第一汽车生产大国,汽车的保有量在 2017 年达到 2 亿辆,预计到 2019 年就将超过美国,成为汽车保有量世界第一的国家。对此,各种烦恼和矛盾已接踵而至。能源高耗、交通拥堵、雾霾严重，使我们必须理性地与汽车保持距离，对汽车的发展保持清醒的头脑，不能成为像美国那样的"汽车上的国家"。

中国的交通发展路在何方？显然，向轨道交通倾斜和转移，是符合中国国情选择的。从城市地铁到城际快铁、高速铁路，一个地下、地面和高架铁路四通八达的中国，为人口众多、地域广阔的国家如何发展交通，提供了新的模式。

目前，中国已成为世界第一高铁大国和城市地铁大国。中国拥有世界最庞大的高铁网络，营运里程占全世界总高铁里程66.3%以上。中国共有34个城市开通城市轨道交通线路165条，运营线路长度已达5 021.7公里，也居世界第一位。轨道交通已给我们带来了许多方便和变化，中国完全可以称得上是一个"轨道上的国家"。

高铁、地铁，都属于公共交通范畴，不同于私家车，而具有共享性，从这个意义上说，高铁的运营也是一种共享经济。"共享经济"能够重复地、高效地、公平地充分利用资源，使一种资源能够为整个社会所共用，扩大了公共物品概念的内涵，推动着社会共有形式的跃迁。

提出"共享经济"的初意，在于通过闲置资源的共享，实现社会效益的最大化。而后，"共享经济"的边界开始被扩大，在继续"推动社会资源匹配和使用效益提升"的同时，共享对象也从闲置资源扩大到更多的社会资源。共享经济的要点在于，弱化资源的"所有权"，而强调"使用权"。对于"汽车上国家"而言，个人既是汽车的使用者，又往往是所有者；而"轨道上的国家"则不同，乘客对轨道交通只有使用权，没有所有权。因此，在共享经济背景下的交通选择，就不必人人追求"有车族"，压缩了私家车的活动空间，而更多地采用高铁、地铁等公共交通方式。显然，这是一种可持续发展的交通方式，达到了效益最大化和浪费最小化。

轨道交通培育了人们的集体意识、公共意识、文明意识。坐上高铁，乘客参与的是一种组织化的集体行为，必须遵守乘

客规则,文明乘车;而汽车的行驶,尤其私家车的行驶,却是机械化的个人行为。显然,前者更有利于交通的有序化,大大减少了无序的交通行为;有助于培养文明意识,提高交通文明的程度;有助于缓解交通拥堵、能源紧张、事故频发、环境恶化等难题。

中国高铁经过10年的建设和发展,已进入成熟化,拥有了世界上最大规模及最高运营速度的高速铁路网。作为一种新型的交通行为,它还将产生一系列的连锁影响。中国社科院2015年出版的《中国城市竞争力报告》表明,通高铁的城市与不通高铁的城市相比,综合经济竞争力要高出71.15%,可持续竞争力要高出56.91%。

有学者从更深层次上分析了高铁发展对中国经济转型的深刻影响,认为高铁将为经济发展带来革命性的意义。高铁网与互联网的"双网融合",正在塑造一种数字形态与物理形态融合的、崭新的中国经济结构,它所能释放的经济当量还没有被我们认识。我们目前所看到的全球最大的数字商业平台的建立、覆盖全国的物流基础设施的重组等波澜壮阔的产业重置,将成为经济结构重大变化的开始。

美国学者杰里米·里夫金所著的《第三工业革命——新经济模式如何改变世界》一书中曾认为:"基础设施是通信技术和能源的有机结合,用以开创一种具有活力的经济体系。""基础设施就像是一种生命系统,把越来越多的人纳入更为复杂的经济社会中。"可见,高铁网作为我国重要的基础设施,其所蕴含的生命活力,其对整个经济、社会系统的深远影响,将难以估量。可以预见的是,随着中国高铁网的建成和运营,将揭开新一轮经济转型、变革的序幕。

二、高铁与胡焕庸线

对于幅员辽阔的中国来说,东西部的差距始终是一个严峻的现实。东部气候、水文等自然条件优越，资源丰富，经济发达。"江南好，风景旧曾谙。日出江花红似火，春来江水绿如蓝。能不忆江南？""钱余于库，米余于廪"，就是对东部自然生态、经济富庶的生动写照。而在广大的西部地区则是另一番景象："北风卷地白草折，胡天八月即飞雪""太古以来无寸草，借问春从何处归？"这种状态延续至今，在许多地方仍无根本性改观。

现在我国的西部地区主要指贵州、云南、西藏、陕西、甘肃、青海、宁夏、新疆、内蒙古、广西、四川和重庆 12 个省区市。根据 2016 年全国 31 个省区市的 GDP 排名，西部 12 个省区市的 GDP 总量为 156 461.13 亿元，占全国 31 个省区市总量的 20.32%；东部地区则为 456 044.16 亿元，占比 59.26%，东西部地区 GDP 总量的大致比例为 3∶1。其中，排在后五位的分别是：西藏、青海、宁夏、海南、甘肃。统计显示，2015 年居民人均可支配收入，排在后五位的是：西藏、甘肃、贵州、云南、青海。"2016 年中国百强城市排行榜"显示，百强城市中有 61 个位于东部地区，只有 16 个位于西部地区。而西部地区贫困县数量高达 448 个，占比 67.4%，扶贫脱贫的绝大部分压力，都落在了西部。

面对着东西部的显著差异，我们不能不提到"胡焕庸线"。这是中国地理学家胡焕庸先生在 1935 年提出，划分我国人口密度的对比线，又称"黑河—腾冲线"。这条线从黑龙江省瑷珲（黑河市）到云南省腾冲，大致为倾斜 45 度的基本直线。线东侧居住着全国 96% 人口，线西侧人口密度极低，成为两个迥然不同的自然和人文地域。上述所说的 12 个西部省份，多数都位于"胡焕庸线"的西侧。

进入 21 世纪，胡焕庸线所揭示的人口分布规律依然存在。根据 2000 年统计资料，胡焕庸线东南侧以占全国 43.18% 的国土面积，集聚了全国 93.77% 的人口和 95.70% 的 GDP，压倒性地显示出高密度的经济、社会功能。胡焕庸线西北侧则

高铁经济

地广人稀,经济功能薄弱。

对此,李克强总理曾提出了"胡焕庸线怎么破"之问:"我国94%的人口居住在东部43%的土地上,但中西部一样也需要城镇化。我们是多民族、广疆域的国家,我们要研究如何打破这个规律,统筹规划、协调发展,让中西部老百姓在家门口也能分享现代化。"打破"胡焕庸线",实质就是如何缩小东西部差距;其实,现在"胡焕庸线"西侧的人口密度已有增加趋势,尤其是在甘肃河西走廊地区,局部已经突破"胡焕庸线";同时,近年来西部的西藏、贵州、重庆等省市的经济增速位于全国前列,发展势头十分可喜,这表明"胡焕庸线"西侧及东近侧已出现变化。今后,随着西部中小城市信息化建设和交通网络建设的加快,将有效地提高西部的经济增长。尤其"一带一路"倡议为"胡焕庸线"的突破提供了可能,新型城镇化建设为"胡焕庸线"的突破提供了抓手。而交通运输的改善更是贫困地区脱贫攻坚的基础性和先导性条件。

习近平总书记指出:"交通基础设施建设具有很强的先导

成绵乐高铁"和谐号"列车

> 第八章 中国进入高铁时代

西安火车站

作用,道路通不通畅,跟贫困地区的经济发展和民生改善关系很大。解决好交通问题,是贫困地区脱贫攻坚最迫切需要解决的问题,加快交通脱贫攻坚,对于破解贫困地区经济社会发展的瓶颈、全面建成小康社会,具有重要的战略意义。"为此,国务院提出了"交通扶贫"的战略规划。到2020年,贫困地区国家高速公路主线基本贯通,具备条件的县城通二级及以上公路,乡镇、建制村通硬化路、通客车,全面建成"外通内联、通村畅乡、班车到村、安全便捷"的交通运输网络。

如果说各级公路是整个血脉系统中的分脉、支脉和无数毛细血管,那么铁路就是大动脉、主动脉。"十三五"期间,铁

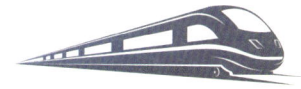

177

兰新铁路

路建设重点向中西部转移,西部铁路建设的步伐明显加快。在2015年末和2016年初,西部各省区市相继出台了相关促进铁路建设的规划或意见,包括高铁的建设。

内蒙古自治区第一条接入国家"八纵八横"高铁网的新通高铁将于2018年12月开通运营,并将建设北起包头,南下经陕西、湖北、湖南、广西、广东,终点为海南省海口市的西部高速铁路通道,成为京广高铁以西的第五条纵线,沿线有秦巴山区、湘鄂西部等少数民族贫困地区,是一条带动沿线发展的幸福通道。

甘肃省境内目前共有6个铁路项目在建或建成,全长1 776公里的兰新高铁于2014年12月全线开通。它是世界上一次性建成通车里程最长的高速铁路,也是我国中长期高速铁路规划网——"八纵八横"高速铁路网的重要组成部分。兰新高速铁路的建成,使新疆与内陆间形成一条高质量、大运能的高速铁路通道,是中国西北高寒风沙区域修建的首条高速铁

昆明南站

路。"十三五"期间，新疆还将加快建设丝绸之路经济带重大骨干铁路项目，重点构建北、中、南三大通道，加强与周边国家铁路线的连接，使新疆进入高铁时代。

"十三五"期间，青海省将打造"1268"铁路建设布局，即加强青藏铁路主轴线，形成西宁、格尔木两个铁路枢纽，规划形成青藏、兰新、格库、格敦、西成、西昌6条干线铁路和8个方向的出省通道，构建起与周边省区快速连接、通达丝绸之路经济带沿线国家的铁路干线网。到2020年，全省铁路通车里程将达到3 200公里，较"十二五"末增加1 100公里。

宁夏回族自治区将连通银川至呼和浩特、兰州、郑州、乌鲁木齐、西安、青岛6个方向的高速铁路，形成宁夏沟通全国重要节点城市的四通八达的高速客运通道。

云南省新开工渝昆高铁、南昆铁路扩能、师宗至文山至蒙自、大理至攀枝花、临沧至清水河、临沧至普洱、曲靖至师宗至弥勒、芒市至腾冲猴桥、保山至泸水等铁路项目建设，积极

青藏铁路

联合西藏共同加快推进滇藏铁路香格里拉至邦达段铁路开工建设。到2020年,云南省铁路营运里程力争达到5 000公里。

贵州省将大力推进以高速铁路为重点的铁路网建设,已建成贵阳至昆明、重庆、成都等高速铁路,铜仁至玉屏、安顺至六盘水等城际铁路;叙永至毕节、渝怀铁路增建二线、瓮安至马场坪等铁路也在建设中;力争建成贵阳至南宁高速铁路、贵阳至兴义等铁路,实现贵阳与其他市州中心城市快速连接,形成贯通东西、连接南北的出省出海快速铁路大通道。

西藏自治区将加快建设拉林铁路,全力推动建设川藏铁路,力争铁路运营里程达到1 300公里以上。启动川藏铁路康定至林芝段、青藏铁路日喀则至吉隆段、滇藏铁路香格里拉至波密段和黑昌铁路那曲至昌都段前期研究工作。

铁路作为一种大容量、大客流的交通工具,对于调节东西部的人流、物流能起到举足轻重的作用。铁路的建设有利于市场发挥天然的调节作用,促进劳动力的自由流动,物流的畅通无阻,使地区间的经济发展和人均收入的平衡可以逐步实现。

上述西部各省区市的高铁建设,必将改变那里的经济版图。由于西部地区省会城市之间的距离遥远,平均有600公里的距离,而铁路的密度只有东部地区的约五分之一,距离长、交通不便等因素影响了西部城市的发展。西部地区铁路建设的加强,无疑能推进西部大开发形成新格局。

美国有78%的人集中在3%的国土面积上,但美国各州的人均GDP几乎相同,人均产出基本实现了平衡。这里,交通发达是重要的因素。因此,"胡焕庸线"的划定虽有符合自然规律的科学依据,不能简单化地"冲破",但通过交通设施的改善和信息化建设,西部地区人口稀少、水资源不足、交通不便等劣势将会逐渐改变,而丰富的自然资源和特有的西部风光,将成为无可替代的优势,扶助西部脱贫和崛起。如宝兰高铁的开通运行,穿越陕西关中、甘肃天水、定西等贫困地区,结束了陇中和陇东南地区不通火车的历史,为沿线地区的脱贫致富带来了新的机遇。兰渝高铁的开通,途经17个贫困县,被称为"扶贫之路"。

正如海外人士所评价:"中国的高铁工程作为人类历史上最大的交通基础设施计划,正在改变中国的版图。"而随着中国西部的发展,两条措施正在实施:一是加快建设公路、铁路,把有竞争力的产品运送到东部;二是通过高铁、航空等交通设施,增加支教、传技的频率和旅游、观光的机会,让更多的人群流向西部。如此持之以恒、坚持不懈,未来"胡焕庸线"能否被冲破?我们将乐观以待。

【知识链接】胡焕庸线

胡焕庸(1901—1998):中国地理学家,生于江苏省宜兴县。1923年,胡焕庸从南京高等师范学校毕业,1926年赴巴黎大学进修。1928年回国,历任中央大学地理系教授、系主任,中国地理学会理事长,华东师范大学地理系教授、华东师范大学人口研究所所长等职。20世纪30年代,为绘制中国人

口密度图,他以1点表示1万人,根据当时人口分布情况,将2万多个点绘于地图上,再以等值线画出人口密度图。胡焕庸在这张图上沿黑龙江瑷珲向西南至云南腾冲画出一条大致倾斜45度的基本直线。线东南方36%国土居住着96%人口,以平原、水网、丘陵、喀斯特和丹霞地貌为主要地理结构,自古以农耕为经济基础;线西北方人口密度极低,是草原、沙漠和雪域高原的世界,自古是游牧民族的天下。

直至21世纪,胡焕庸线所揭示的人口分布规律依然没有被打破。随着时间的推移,人们逐渐发现,这条人口分割线与气象上的降雨线、地貌区域分割线、文化转换的分割线以及民族界线均存在某种程度的重合。"胡焕庸线"在某种程度上也成为目前城镇化水平的分割线。这条线的东南各省区市,绝大多数城镇化高于全国平均水平;而这条线的西北各省区市,绝大多数城镇化低于全国平均水平。在中国近现代地理学创立一百周年之际,由中国地理学会与中国国家地理杂志社发起的"中国地理百年大发现"评选活动,共发布了30项地理大发现,排在"珠峰测量"之后的,就是"胡焕庸线"。

三、陆权国家的崛起

中国是一个既有长达18 000公里海岸线,又有广阔内陆腹地的国家。然而,在漫长的历史岁月中,我们的祖先迷茫地望着烟波浩渺的东部大海,只是发出"登高壮观天地间,大江茫茫去不还"的感叹,却止步于"天涯海角"前。尽管在15世纪初,出现了郑和七下西洋的壮举,但后来随着朝廷的禁海令,我们还是裹足于海洋之前,失去了成为海洋大国的机会。那么,回首西望,在那重重关山之后,我们的祖先是否看到另一番广阔的天地呢?确实,从张骞出使西域到丝绸之路的开拓,一代又一代的有识之士进行了无畏的西进探索;但更多的人仍只看到大漠荒沙、胡骑长啸,以消极固守为国策。于是,在漫长的历史进程中，我们以"中"自居，沉湎于闭关锁国的自我陶醉之中。

15世纪开始，荷兰、葡萄牙、西班牙等海洋强国的崛起，标志着海权时代的强盛。但直到20世纪，我们还是个徒有漫长海岸线的海洋弱国。随着20世纪70年代末的改革开放，我们终于迎来了海洋时代。近二三十年来，沿海地区的跨越式发展，离不开来自大洋大海浪潮的澎湃冲击。然而，在远离海洋的内陆区域，应如何寻找自己的定位和发展机会呢？人们曾有过迷茫和等待。

其实，随着工业的迅速发展和陆地交通运输革命的发生，海权将逐步让位于陆权。最早阐述这一观点的是英国地理学家哈尔福德·麦金德（1861—1947）。1904年，他首次提出了"心脏地带"这一战略概念，认为历史上尽管海权强国占过优势，但从长远的观点来看，由于陆权国家人力和物力资源丰富，随着交通日益改善，海权国家终将被陆权国家所超越。他认为，世界力量重心所在的欧、亚、非三洲由于陆上交通发达，已变成一个世界岛。当欧亚大陆被密集的铁路网覆盖时，强大的大陆国家将主宰这片广袤的土地。

如果回顾历史，早期的陆权文明很大程度上由中国、印度、埃及等文明古国主导。但随着航海大发现、文艺复兴和工业革命的影响，昔日的陆权大国走向衰落，而其海权又未曾苏醒或发展壮大，人类的文明中心向由欧洲主导的海洋文明转移。随着19世纪美国的快速崛起，世界的重心又转移到北美洲。进入21世纪后，美国的霸权地位逐渐衰落，欧盟和中、俄、印等金砖国家先后崛起，标志着世界的重心正逐渐地向欧亚大陆转移。

麦金德曾认为，在世界的重心向欧亚大陆转移过程中，陆上交通运输条件的改变起着重要的作用。当欧亚大陆被密集的铁路网覆盖时，陆权崛起的速度将大大地加快。确实，在中国改革开放的大潮中，有一句口号曾被视为至理名言："要致

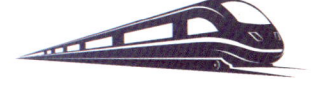

高铁经济

义乌小商品城

富,先修路。"从修筑交通设施开始,以其为依托,带动经济发展成为中国内地各省区市发展经济的通用模式,尤其铁路运输作为经济发展的主动脉,其效能十分凸显。所以,一个国家的陆权是否强盛,与这个国家的铁路运输是否发达密切相关。

而中国近现代陆权的悲惨命运也是与铁路紧紧联系在一起的。从鸦片战争开始,清王朝将铁路权让于列强,围绕铁路及其延伸控制的陆权而展开的纷争乃至战争,反映了近现代中国陆权屡弱的悲哀。失去了路权,自然也失去了陆权。所以,孙中山先生在辛亥革命后即提出了"铁路立国"的思想:"夫铁路者,今日文明之利器也。民族兴其国,必先修其路","国家之贫富,可以铁路之多寡定之","铁路敷设以后,则物产之价值势必增长数倍"。显然,今天我们为实现中华民族的伟大复兴而提出的"中国梦",就继承了孙中山先生的遗愿,包含了他一个世纪前的"铁路梦"之理想。

今天,从"四纵四横"到"八纵八横"的高铁网,便体现了中国争取陆权崛起,改变国际国内政治经济基本格局的战略思维。以高铁为代表的交通基础设施的建设与向西开发紧密结合,会有力地推动欧亚大陆的经济整合,而这种欧亚大陆的经济整合将有助于相关国家在21世纪的发展。今天,中国在确立自己的海洋地位的同时,再建立起相应的陆权地位,就能真正崛起于世界民族之林,从"站起来"到"强起来",并在推动欧亚大陆经济整合中,发挥自己的影响作用。

中国高铁的跨越式发展让"陆权时代"的来临成为可能,尤其是中欧班列的开通,对欧亚大陆的经济整合,有着非常深远的战略意义。届时,中国、俄罗斯以及欧盟、中亚、南亚等国将会通过高铁和班列的串联形成一个相系相连的共同体,一个巨大的陆权地缘经济带将突兀而起。

亚欧之间的物流通道主要包括海运通道、空运通道和陆运通道,而中欧班列以其安全快捷、绿色环保、受自然环境影响小的优势,已经成为国际物流中陆路运输的骨干方式。浙江省义乌市是我国最大的小商品出口基地,但义乌地处浙江中部,以往出口货物需经沿海港口或机场空运。自2014年11月首趟义乌至马德里的中欧班列开行以来,中欧义乌班列以其货源支持强劲、通关高效便利、产品辐射范围广等特点,为小商品贸易搭建了"卖全球、买全球"的大平台,开辟了一条中国与欧洲国家间的全新物流通道。经过短短两年多的精心培育,中欧义乌班列从1条线路增长到现在的8条线路;开行频次从原来的"有流即开、无流即停"的初始起步阶段,发展到现在的每周3至4列常态化开行,成为我国到达境外城市、运送货物品类最多的中欧班列,在长三角地区与亚欧等国家之间开辟了一条安全、经济、快速、便捷、绿色的国际铁路物流大通道。

现在,中欧班列物流组织日趋成熟,班列沿途国家经贸交

高铁经济

往日趋活跃，国家间铁路、口岸、海关等部门的合作日趋密切。中欧班列的开通，为亚欧间的互联互通架起了一座座新的大陆桥。自 2011 年开行以来的 7 年间，中欧班列累计开行数量已突破 10 000 列。目前，中欧班列有运行线 65 条，国内稳定开行的城市达到 43 个，到达欧洲 14 个国家的 42 个城市。中国以往的物流模式，是中国内陆地区把各种各样原材料、产成品运到中国沿海，再通过货轮运至欧美国家，或者空运到全世界。在这样的格局里，西部永远是中国的腹地，无法变成枢纽。如今，一些原来缺乏港口优势的内陆城市，摇身一变成为"陆港"，成为新的"口岸"城市。尤其是成都、重庆、西安等城市，一举从西部腹地变为对外开放的前沿。

预计到 2020 年，中欧铁路运输通道将基本完善，中欧班列枢纽节点基本建成，年开行班列将达 5 000 列以上。"道路通，百业兴"。一条条中欧班列的延伸和中国高铁的向西发展，实现了自铁路诞生以来，第一次如此高密度地在亚欧大陆横贯穿行，将欧亚大陆更紧密而广泛地连接在一起，使得这个曾经衰落的陆权地带重新崛起在麦金德所说的"世界岛"上，并将影响和改变世界经济、政治和军事的格局。

以高铁为支柱的欧亚大陆经济整合，将为中国带来一个"陆权"与"海权"并存的时代。在以往漫长的历史进程中，中国与西部邻国的贸易主要通过古丝绸之路来实现。然而过去三十多年来，中国并不是通过陆地，而是依靠海洋加入世界经济贸易体系中。高速铁路"走出去"，为中国在未来发展提供了全新广阔的地缘空间，高铁就是升级版的现代丝绸之路。以高铁为骨干的铁路网，将把中国的商品、产业、装备、文化和思想传播出去，中国高铁将与中国航天、中国海洋深潜等战略技术一道，助推中华民族的伟大复兴。

【知识链接】陆权论

一战前夕，著名英国地缘政治学家哈尔福德·麦金德将目光投向辽阔的欧亚大陆，第一个区分了陆权与海权的观念，认为随着陆上交通工具的发展，欧亚大陆的"心脏地带"将成为最重要的战略地区。"陆权论"对世界政治产生了深远的影响。作为对麦金德的地缘政治观的发展，著名美国地缘政治学家斯皮克曼则在其《和平地理学》一书中提出了"边缘地带理论"。他认为："谁支配着边缘地区，谁就控制欧亚大陆；谁支配着欧亚大陆，谁就掌握着世界的命运。"

四、让"中国造"重现辉煌

在世界历史上，"中国造"曾有过令人羡慕的辉煌：丝绸、瓷器、茶叶，远销欧洲、东南亚各国，从而形成了车马不绝、船楫远航的陆上丝绸之路和海上丝绸之路，"千封锦缎西霞路，万里行舟大海驰"。至于瓷器的出口，至少可以追溯到唐代。在欧洲，中国瓷器被视为珍玩，各国宫廷都有珍藏；贵族家庭更以摆设瓷器附庸风雅、炫耀地位。然而，进入近代以后，"中国造"失去了往昔的光泽，渐趋暗淡、平庸乃至粗陋。直至数年前，中国货还在国外的地摊和廉价柜台出售，而国人对进口商品则趋之若鹜。前些年，中国虽然成了制造业的大国，却远没有成为制造业强国，以至有出口 8 亿件衬衫，才能换回一架飞机之说。

如今，中国的高铁为改变这一局面立下了功勋。由于中国高铁克服了各种复杂地质、气候难题，具备了在不同地质条件下、不同气候环境下建设和运营的成熟经验，这在世界上是绝无仅有的。中国已具有集成世界先进高速铁路技术的能力和经验。通过自主创新，实现了高速铁路技术装备的自主设计制造、系统集成和运营管理，并能以优越的质量和相对低廉的价格迈出国门、走向世界。

随着我国"一带一路"倡议的深入推进，中国铁路的版图已经扩展到了亚、欧、非、美等五大洲数十个国家。尤其三条

高铁经济

通往欧洲和东南亚的铁路，备受世界瞩目：第一条从昆明出发，经由越南、柬埔寨、泰国、马来西亚，抵达新加坡；第二条从我国新疆的阿拉山口北上，途经哈萨克斯坦、乌兹别克斯坦和土库曼斯坦等国，最终可能会与欧洲铁路网连接；第三条是从黑龙江出发，通过北部的俄罗斯横断铁路，连接到西欧。目前，中俄已就铺设横跨西伯利亚的高铁路线达成一致。

中国铁路技术经过从中国制造到中国创造的升级转型，已跨入世界先进行列。据介绍，国外高速铁路平均建设工期 5～9 年，中国只需要 3～5 年。根据世界银行 2014 年 7 月的报告，中国高铁加权平均单位成本仅为国外的三分之二。经过多年的铁路建设和运营实践，中国铁路形成了技术先进、安全可靠、舒适快捷、兼容性强、性价比高等综合优势，得到了国际铁路市场的充分认可。一些海外铁路项目有的已经开通，有的正在筹划、修建之中：

中巴铁路：南起巴基斯坦的瓜达尔港，北至中国新疆喀什的"中巴经济走廊"，是"一带一路"倡议的重要组成部分，而中巴铁路线正是这条走廊的主动脉。未来这条以瓜达尔港为起点，贯穿巴基斯坦南北到达新疆喀什的中巴铁路线，可使喀什和新疆成为国际大通道的枢纽，获得通向阿拉伯海的出海口，同时连接中亚具有 7 000 万人口的市场。

伊安高铁：伊安高铁是由土耳其安卡拉至伊斯坦布尔的高速铁路。全程总长 500 多公里，其中第二期全长 158 公里。由中国铁建牵头，联同土耳其企业合组集团公司承建，是中国在欧洲拿下的第一宗高铁项目，2010 年正式动工，于 2014 年 7 月 25 日全线建成通车。伊安高铁第二期建隧道 34 个；最长的桥梁长 1.96 公里。

匈塞铁路：匈塞铁路由中国、匈牙利与塞尔维亚合作建设，连接匈牙利首都布达佩斯和塞尔维亚首都贝尔格莱德，全长 350 公里。该项目设计最高时速 200 公里，建成通车后，两地之间的运行时间将从目前的 8 小时缩短至 3 小时以内。

中老铁路：北起中国云南省玉溪市，经普洱、西双版纳、中老边境口岸磨憨，经老挝著名旅游胜地琅勃拉邦至老挝首都万象，正线全长 508.53 公里。中老铁路将于 2020 年建成通车，成为泛亚铁路中线的重要组成部分。中老铁路将推动老挝经济发展，吸引外资，为老挝创造更多就业机会，有助于老挝人民摆脱贫困，提高人民生活水平。

中泰高铁：中泰铁路历经多次波折后，终于获批开工，预计于 2021 年开通。中泰铁路是泰国第一条高速铁路，将使用中国技术建造，是中国"一带一路"倡议中泛亚铁路的重要组成部分。项目一期工程全长 253 公里，连接曼谷到泰国东北部的呵叻府，设计最高时速达 250 公里。二期工程则将把铁路延伸至与老挝首都万象一河之隔的廊开府，连接中老铁路网直达中国云南昆明。

印尼雅万高铁：雅万高铁全长约 150 公里，连接了印尼首都雅加达和第四大城市万隆。雅万高铁将直接拉动印尼冶炼、制造、基建、电子、服务、物流等配套产业发展，增加就业机会，推动产业结构升级。建成后将极大地方便印尼当地民众的出行，有效缓解雅加达至万隆之间的交通压力，优化投资环境，带动沿线经济的发展。

蒙内铁路：蒙内铁路（蒙巴萨港—内罗毕）是东非铁路网的起始段，连接肯尼亚首都内罗毕和东非第一大港蒙巴萨港，全长 480 公里。蒙内铁路是中国帮助肯尼亚修建的一条全线采用中国标准的标轨铁路，是肯尼亚独立以来的最大基础设施建设项目，也是肯尼亚实现 2030 年国家发展愿景的"旗舰工程"。该项目于 2014 年 9 月开工，2017 年 5 月 31 日建成通车。

中国铁路能够走向世界，代表了"中国制造"已改变了过去低劣的落后面貌。德国权威质量管理机构德国质量协会（DGQ）和德国市场研究机构"Innofact"公布的一项调查研究结果显示，八成德国人认为"中国制造"已是"德国制造"的

高铁经济

对手。54%的受访者认为,"来自中国的竞争者正加大步伐,将超越德国品牌和德国企业的创新能力";51%的受访者认为,"20年后质量还会不断优化"。

中国的铁路项目投资除扩展非洲、中东欧、拉美和南亚等新兴市场外,也在积极争取发达国家的订单。中国南车、北车新签的海外合同总金额超过60亿美元,同比增长60%以上。其中,中国北车获得的出口波士顿地铁项目,是中国轨道交通装备首次登陆美国。

波士顿地铁是美国第一条地铁,至今已有100多年历史。作为地铁的发源地,美国对产品的技术、运营商资质等均有严格标准。而中国北车股份有限公司提供给波士顿地铁的列车在结构强度、控制安全、质量管理体系等方面均采用美国标

京津城际铁路

准，同时又自主研发，整车具有完全的自主知识产权，做到了"美国标准"与"中国制造"的完美契合。马萨诸塞州州长查理·贝克连续三次在社交网站上为中国机车"点赞"："新车增加了门的宽度，增加了到站和上下站的屏幕和语音提示，提高了运行稳定性，让乘客体验更加舒适。"该州交通局与中车长客又"追加"签订了波士顿地铁红线项目120辆地铁列车合同。此外，中车长客还中标洛杉矶的地铁项目，这批地铁列车将直通好莱坞，服务于2028年洛杉矶奥运会。

随着"一带一路"的提出和推进，高铁以"中国制造"的全新面貌走出国门，获得了国际社会的认可和赞誉。中国制造不再意味着廉价和低质，而赋予了新的内涵：高技术、高质量、高性价比，并涵盖了设备出口、施工建设以及标准认定等

高铁特等座车厢

全方位领域,推动中国制造走向世界。中国高铁的惊艳亮相,标志着中国制造正在重新追回昔日的辉煌,以中国人的创造、智慧、才干和诚信,崛起于世界舞台,让人赞叹!

五、中国外交的"新名片"

外交作为国家处理国际关系方面的重要活动,是实力和智慧的体现。20世纪70年代,毛泽东以小球转动大球之举,打破了中美间的坚冰,创造了"乒乓外交"的佳话。改革开放以来,一个个可爱的熊猫走出国门,成为民间亲善大使,被誉为"熊猫外交"。如今,走出国门的中国高铁,成为继"乒乓外交""熊猫外交"之后的一种新的外交形式——"高铁外交"。

"高铁外交"标志着中国外交实力的提升。中国的和平崛起,需要务实外交、互利外交、实力外交。"高铁外交"作为国家新名片,是技术集成、产业配套、重大装备、国际融资、国际贸易、国际关系协调等综合能力的表现,标志中国外交开始走上与世界第二大经济体国际地位相匹配的发展道路。

"高铁外交"不仅是中国开展经济外交的一张新名片,而且具有重要的战略意义。高铁涉及五大系统的技术,中国掌握了集设计施工、装备制造、车辆控制、系统集成、运营管理于一体的高速铁路成套技术,形成了具有世界先进水平和自主知识产权的高速铁路技术体系,核心技术优势非常明显。"高铁外交"不仅促进了中国高铁走出去,而且对中国高端制造业发展起到引领作用,将带动一大批高端制造业和高科技产业腾飞,有助于"中国制造"向"中国创造"的历史性转变。

2015年7月17日上午,中共中央总书记、国家主席、中央军委主席习近平考察了中国中车长春轨道客车股份有限公司。在总装车间,习近平登上一列即将竣工的动车组列车,走进驾驶室,听取技术人员介绍。他还坐上旅客座椅体验。习近平说:"高铁是我国装备制造的一张亮丽的名片。"党的十八大以来，习近平主席出访的足迹遍及六大洲，谈得最多的合作项目之一就是高铁。他曾多次在不同国际场合，亲自介绍中国高铁的发展情况，给多国政要留下深刻印象。2018 年夏天，习近平同俄罗斯总统普京共同乘坐高铁从北京前往天津，出席中俄友好交流活动。期间，习近平向普京介绍高铁的时速、规划等情况。

京津城际铁路开通运营以来，外国政要到访中国，乘坐京津城际，感受中国速度已成为"必备"项目。据中国铁路总公司官网介绍，10 年来，先后有 65 个国家的 300 余名政要，各类国际组织 200 余批次、5 000 多人考察并体验了京津城际铁路。德国总理默克尔早在 2012 年 8 月 31 日，就曾乘坐京津城际从北京前往天津，对于来自高铁技术大国德国的默克尔来说，中国的高铁之旅让她亲身感受到了中国的快速发展。

"我是在习近平主席的建议下选择乘坐高铁的。"2015 年 3 月 28 日，刚参加完博鳌亚洲论坛年会开幕式的斯里兰卡总统西里塞纳乘坐高铁前往三亚。在途中他赞扬中国的高铁高速、舒适。"中国和斯里兰卡的铁路发展状况差别较大，很高兴亲自体验了中国高铁。"他说。

2017 年 6 月 8 日，习近平主席访问哈萨克斯坦，在参观阿斯塔纳世博会中国国家馆时，他邀请纳扎尔巴耶夫总统"开高铁"，试驾了展厅内的中国高铁体验舱。当屏幕上的中国 G2017 高铁列车从古丝绸之路起点西安出发，经过兰州、乌鲁木齐、阿拉山口，一路飞驰到阿斯塔纳时，全场响起热烈的掌声。

各国政要在感受中国高铁的同时，也促进了国与国之间的交流与合作。2008 年以来，多达 100 多个国家的元首、政要和代表团考察中国高速铁路，对中国铁路现代化建设成就给予高度评价，不少国家与中国达成了合作的协议，或表示了合作的意向。

2013 年 11 月 25 日，李克强总理与匈牙利总理欧尔班·维

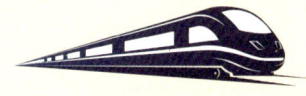

克托和塞尔维亚总理达契奇在罗马尼亚共同宣布，三国将合作建设连接贝尔格莱德和布达佩斯的匈塞铁路。海外有报道指出，匈塞铁路项目是中国首度把铁路建设输出到欧洲，是中国铁路迈向国际的重要一步。

2014年10月，李克强总理访俄期间，中俄两国签署高铁合作备忘录。2015年，中国中铁二院与俄罗斯企业组成的联合体中标俄罗斯莫斯科—喀山高铁项目的勘察设计部分。

2013年12月，李克强总理在与英国首相卡梅伦举行会晤时指出，中国在高铁领域拥有安全的技术和较高的性价比。次年6月，李克强访问英国期间，双方讨论了中国参与英国连接伦敦与英格兰北部的2号高铁项目投资的可能性。

2015年11月25日，李克强总理邀请来华出席中东欧16国领导人会晤的各国领导人共同乘坐中国高铁。车厢里，李克强同各国领导人亲切交谈，共话合作。16国领导人听取中国高铁建设发展以及相关装备设计和性能等情况后，赞赏中国高铁运行得很平稳、很舒适。他们从沿途风光中感受到中国城市发展和现代化建设的勃勃生机，赞赏中国经济社会发展所取得的巨大成就。这趟列车从苏州到上海仅用了22分钟。中国高铁技术、装备的高性价比和舒适平稳显然吸引了各国领导人；有波罗的海地区的国家领导人当即表示，希望与中国积极合作，推进波罗的海三国的高铁项目建设。

高速铁路作为交通运输领域先进生产力的典型代表，已成为当今综合效能最优、最具竞争力的旅客运输方式。加之高速铁路在拉动经济发展、带动产业升级、促进区域交流、改善人们生活等方面具有无可比拟的积极作用，世界高铁市场的发展空间十分广阔。中国作为世界高铁大家庭中的"新兴成员"参与世界高铁建设，不仅能够为其他国家的高铁发展提供充分的经验借鉴，更重要的是，质优、价廉、多样的中国高铁对提升世界高铁的整体技术水平和服务能级、丰富世界高铁的门类品种等具有重要作用。

尤其中国企业在海外承接的铁路建设项目大多是在发展中国家。这些国家出于自身的发展需要，出台了种种经济发展战略，而铁路、公路等基础设施必须先行。在非洲，泛非组织和各国正在规划宏伟的"非洲南北经济发展走廊"；在东南亚，各国正要打造东南亚铁路网……这些战略为中外双方提供了共享机遇、共同合作的巨大空间。正如土耳其科克大学教授阿里所说：中国参与国外铁路建设"适逢其时"。"高铁外交"给世界带来的是互惠和共赢，是繁荣和进步。

高铁已经成为中国与"一带一路"沿线国家合作的重要内容。"一带一路"涵盖东亚、中亚、南亚、西亚、东南亚以及中东欧、东非、北非等国家和地区，沿线国家和地区涉及总人口约46亿，GDP总量约23万亿美元，分别约占全球的62%和31%。面对如此庞大的人口数量和经济总量，要实现货畅其流，大运量、高速度的铁路交通，无疑是最现实、最经济和最可靠的选择。"一带一路"沿线上的绝大多数国家都有改造升级国内铁路系统的需求，而中国高铁在不断缩小与世界顶尖技术差距的同时，拥有无可比拟的价格优势。

2015年5月14日，国家主席习近平在北京"一带一路"国际合作高峰论坛开幕式的主旨演讲中说："我们和相关国家一道共同加速推进雅万高铁、中老铁路、亚吉铁路、匈塞铁路等项目，建设瓜达尔港、比雷埃夫斯港等港口，规划实施一大批互联互通项目。目前，以中巴、中蒙俄、新亚欧大陆桥等经济走廊为引领，以陆海空通道和信息高速路为骨架，以铁路、港口、管网等重大工程为依托，一个复合型的基础设施网络正在形成。"习近平还指出："设施联通是合作发展的基础。我们要着力推动陆上、海上、天上、网上四位一体的联通，聚焦关键通道、关键城市、关键项目，联结陆上公路、铁路道路网络和海上港口网络。"

中国高铁沿"一带一路"走出去，有利于促进与沿线国家政治上的相互尊重、平等协商，安全上的相互信任、加强

合作，经济上的互利互惠、优势互补，使"和平合作、开放包容、互学互鉴、互利共赢"的丝绸之路精神得以薪火相传。随着高铁贯穿亚、欧、非大陆，活跃的东亚经济圈、发达的欧洲经济圈以及发展潜力巨大的广大腹地国家将更紧密相连。原来相对封闭、缺乏交流的各国地域文化，通过高速铁路互补交融，衍生出新的内涵。风驰电掣的高铁不仅拓展了人们的出行和交往半径，也促进了异域文化间的理解、融合和创造，将推动世界文化的繁荣和发展。

参考文献

[1] 谢贤良. 世界高速铁路现状及其社会经济效益 [J]. 中国铁路，2003（11）.

[2] 孙章，蒲琪. 城市轨道交通概论 [M]. 北京：人民交通出版社，2009.

[3] [美] 安德鲁·葛洛夫. 只有偏执狂才能生存 [M]. 北京：光明日报出版社，1997.

[4] 邓小平年谱 [M]. 北京：中央文献出版社，2004.

[5] 黄苏萍，朱咏. 高铁重塑中国经济地理 [M]. 北京：中国社会科学出版社，2016.

[6] 骆玲，曹洪. 高速铁路的区域经济效应研究 [M]. 西安：西安交通大学出版社，2010.

[7] 徐长乐，郦亚. 高铁时代到来的区域影响和意义 [J]. 长江流域资源与环境，2011（6）.

[8] 骆玲，刘裕，曹洪. 高速铁路与城市发展 [M]. 西安：西安交通大学出版社，2015.

[9] 袁锦富. 高铁效应下我国城市总体规划的应对 [J]. 城市规划，2015（7）.

[10] 史敦友. 京广高铁城市经济带经济联系的研究 [J]. 现代商贸工业，2015（3）.

[11] 来一场说走就走的旅行 高铁时代穿出"快"的中国 [N]. 经济参考报.

[12] 傅志寰. 我的情结 [M]. 北京：中国铁道出版社，2017.

[13] 吴新民. 中国高速列车技术的发展及持续创新. 2018 城市轨道交通发展论坛.

[14] 中国工程院，中国铁道学会. 中国高铁技术创新经验与启示——原铁道部常务副部长孙永福院士访谈 [J]. 石油科技论坛，2015（5）.

[15] 孙章. "复兴号"开启中国铁路新时代 [J]. 科学，2017（6）.

[16] 罗清启. 高铁"乘数效应"：中国创造时间生产要素的世界力量 [N]. 经济参考报，2018.

[17] 周新军. 高速铁路的节能减排效应 [N]. 中国能源报，2012-5-14.

[18] 西成高铁"织网"33 公里护朱鹮"过路" [N]. 文汇报，2017-11-29.

［19］中国高铁车厢辐射值大不大？让实测数据说话［EB/OL］.PT 轨道交通网，2017-6-10.

［20］罗清启.高铁"乘数效应"：中国创造时间生产要素的世界力量［EB/OL］.新华社，2018-1-29.

［21］这张"中国名片"，习近平多次展示给外国政要［EB/OL］.央视网，2018-8-11.

［22］郑健.中国高铁从速度快奔向质量强［J］.经济参考报．

［23］高铁见闻.高铁风云录［M］.长沙：湖南文艺出版社，2015.

后 记

中国高铁的飞速发展，不仅给人们的工作、旅行和生活带来了极大的方便，而且对经济、社会产生了一系列广泛影响。因此，以本书的有限篇幅，及笔者阅历和知识的局限，要完成"中国高铁丛书"中这本从广阔的社会视角看待高铁的"收官之篇"，甚觉力所不及。忐忑之余，鼓励笔者奋力完成本书的动力主要来自两个方面：一方面是本丛书主编孙章教授的鼓励和委托。我和孙章教授相识已近40年，孙教授的渊博学识和高度的社会责任感，一直令我深深敬佩，能获得他的邀请参于本丛书的写作，自然让我深感荣幸。另一方面，正是来自"高铁精神"的感召及其所赋予的激情和勇气，促使我不自量力地接受了这一重任。

在本书付梓之际，首先要感谢丛书总顾问、原铁道部部长傅志寰院士和中国铁路总公司郑健总工程师对笔者的鼓励和帮助。笔者作为铁路专业的外行，笔下不乏谬误之处，而两位领导不辞辛劳，认真审阅，提出了许多重要的修改意见和建议。傅志寰院士还亲自做了多处重要的修改、勘误和订正，认真、细致的作风和精神令我深受感动，在此要再次表示衷心的感谢。本丛书编辑顾问、铁道部咨询调研组副巡视员、机车车辆专家吴新民研究员在审阅稿件后也提出了多处修改意见，笔者深表感谢。《文汇报》副总编王勇先生在百忙之中帮助审阅了本书涉及的社会、经济内容，并提出了重要的修改意见，特以致谢。本书的写作还得到了《城市轨道交通研究》杂志的支持，杂志社社长顾保南教授曾作为合作者，给予了热情的帮助，在此也深表谢意。

上海科学技术文献出版社以张树副总编辑为首的编辑团队，用极其认真、负责的精神，对包括本书在内的"中国高铁丛书"的编辑出版做了大量工作，同时给予笔者许多指导和帮助，对这一历时近两年的难忘合作，深表感谢！